북한 선교의 맥(脈)

이 소중한 책을

특별히 _____ 님께

드립니다.

북한 선교의 맥(脈)

8천만이 복음으로! 한민족으로!

김권능 목사, 김정일 목사 / 공저

나침반

이 책을

북한 복음화를 위해 헌신하다
복음의 문이 열리는 것을 못 보고 떠나신

한경직 / 김준곤 / 하용조 / 이주헌 / 이계월 / 김동명 /
안이숙 / 박근서 / 이동호 / 홍진수 / 이홍길 /
Wally Wenge / Charles Chaney 님들을

추모하며 바칩니다.

8천만 민족이 복음으로
하나 되길 바라며…

본래 한 민족이었다가 가슴 아픈 역사로 갈라진 남한과 북한은 잘못된 역사를 반복하지 않고 평화적인 방법으로 통일을 하려면 오래된 분쟁과 대결을 멈춰야 한다.

하나님은 평화를 위해 예수님을 이 땅에 보내주셨으며 그리스도인들은 세상에 평화의 왕이신 예수님을 보여줌으로 하나님께 더 큰 영광을 돌릴 수 있기 때문이다. 애석하게도 분단이 되고 70여 년이 넘는 세월 동안 적대관계가 됐기 때문에 통일은 무력이나 사상적 이념 대결로는 이루어질 수 없다고 생각한다. 북한 사람들이 3대에 이어 내려오는 세습 체제에서 벗어나 복음화하려는 노력을 통해서만 통일은 이루어질 수 있다. 이런 약속을 기반으로 남한 사람들도 큰 틀의 평화를 기반으로 이루는 통일에 동참하고자 노력해야 한다.

북한 주민의 생활보다 정권 유지가 국가의 우선순위인 것 같다. 그러기에 국제법을 무시하고 핵으로 무장함으로 미국뿐 아니라 전 동북아시아의 위협이 되고 있다.

한편 남한은 '우파, 좌파, 중도파, 북, 종북, 친중, 친미, 보수, 진보, 반일, 친일'과 같은 이념과 사상의 뒤섞임으로 사회가 어지러운 상황이다. 북한도 통일이 힘들어지고 있는 상황에서 남한까지 민족의 정체성과 역사성을 제대로 지켜내지 않으면 한민족의 상황은 더더욱 어지러워질 것이다. 이토록 힘든 시기이기에 자유민주주의와 시장경제체제로 통일을 이끌 애국 지도자들이 나타나야 한다.

우리의 눈이 탈북민을 향해야 할 이유도 여기에 있다.

"탈북민도 끌어안지 못하는 나라가 어떻게 통일을 하고 북한 사람들을 포용할 수 있을까?"

이런 말을 종종 듣곤 한다.

다가올 통일을 준비하고 북한 사람들을 더 이해하기 위해선 탈북민이야말로 통일, 그것도 복음을 원동력으로 이루어지는 통일에 더없이 중요한 인재가 될 것이다.

한반도의 정치적인 상황만 어지러운 것이 아니라 민족의 정체성과 역사성의 뿌리도 흔들리고 있다. 남한과 북한은 더 이상 이념 대립에서 그치지 않고 포스트모더니즘의 영향과 분단 뒤 70여 년이라는 긴 시간의 단절이 가져온 메꾸기 불가능해 보이는 단절이 가로막고 있다. 남북 관계는 시간이 흐를수록 복잡해지며 더 이상 두 나라만의 문제가 아닌 국제적인 방향으로 흘러가고 있다. 이런 위기를 타개하기 위해서는 남한 동포와 북한 동포 그리고 해외 동포가 마음속에서부터 하나 되고 한 민족으로 끌어안고자 하는 노력이 필요하다.

최근 중국과 미국이 국제적으로 벌이는 패권 싸움으로 동아시아의 정세도 극적인 흐름으로 치닫고 있다. 홍콩 시민을 대상으로 공안법 선포에 반항하는 시민운동에 발 맞추어 북경과 평양에서도 자유를 갈망하는 시민운동이 일어나고 있다. 그 운동이 자연스럽게 남북한 평화 통일로 이루어지기를 기대해 본다. 그리고 중국공산당 팽창주의와 코로나 전염병으로 야기된 미·중 대립이 동북아세아에 자유의 바람이 불어 공산 사회주의 억압에서 해방되기 바란다. 먼 훗날 지금의 혼잡한 정세를 두고 우리는 "레짐 첸지" (regime change)를 사용하셔서 한 민족으로, 복음으로, 통일로 이끌어 주시는 하나님의 손길이라고 고백하게 될지도 모르겠다.

탈북민은 앞으로 이루어질 복음을 기반으로 한 통일에 큰 역할을 감당할 것이다. 먼저 이루어지고 있는 북한의 복음화는 이들에게 주어진 사명이며 성령님께서 인도하시는 길이라고 나는 믿는다. 북한도 점차 개방을 하며 남한과 경제적, 사회적으로 화해를 이루어나갈 것이다. 반드시 다가올 미래를 준비하기 위해 우리 역시 하나님이 주신 사명을 다하고자 이 책을 준비했다. 통일의 전초전이라고 할 수 있는 탈북민, 그리고 북한 사람들을 이해하기 위해 먼저 믿는 그리스도인들의 이해와 내려놓음이 필요하기 때문이다.

지금으로부터 머지않은 시기에 8천만 민족이 복음으로 하나가 되어 아시아뿐 아니라 세계에서 평화와 화합을 위한 복음의 향기를 꽃처럼 풍기며 풍성한 과실을 맺는 기적이 일어나길 바란다. 그러기에 앞서 탈북민들에 대한 인식과 이해를 새롭게 정립하고자 한다.

3만 5천여 탈북민뿐 아니라 이들을 지원하고 있는 교회와 협력 기관, 해외에서 간절히 통일을 바라마지않으며 기도를 쉬지 않는 교포들에게도 도움이 되는 책이라 생각한다. 이 책이 북한의 복음화를 위한 성도들의 개인 전도 지침서로 활용되었으면 하는 바람이다.

- 지은이들

목차

"… 나의 형제 곧 골육의 친척을 위하여 내 자신이 저주를 받아 그리스도에게서 끊어질지라도 원하는 바로라"(로마서 9:2,3)

"아무에게도 악을 악으로 갚지 말고 모든 사람 앞에서 선한 일을 도모하라"(로마서 12:17)

"내가 이미 얻었다 함도 아니요 온전히 이루었다 함도 아니라 오직 내가 그리스도 예수께 잡힌 바 된 그것을 잡으려고 달려가노라 형제들아 나는 아직 내가 잡은 줄로 여기지 아니하고 오직 한 일 즉 뒤에 있는 것은 잊어버리고 앞에 있는 것을 잡으려고"(빌립보서 3:12,13)

제1부

북한 복음화를 위한
영적 이해

김권능 교수

1장

탈북민

I. 탈북민은 어떤 사람들인가?

먼저 한국에서 어찌 보면 타향살이를 하고 있다고 볼 수도 있는 탈북민들의 특징을 간단히 11가지로 생각해 보았다.

(1) 탈북민은 2천 3백만 북한 주민들의 축소판이라고 생각하면 된다.

통일이 되면 마주할 북한 사람들을 비추는 거울이다. 또한 살기 위해 고향을 떠났지만 한편으로 평생 고향을 그리워하며 살아가는 사람들이다.

(2) 자유와 안정을 찾아 남한으로 내려온 용기 있는 귀한 인재들이다.

북한 정권의 세습 유지를 위한 교육을 받으며 자랐지만 영혼이 침식되지 않고, 영양실조와 인권 탄압을 벗어나기 위해 남한을 선택한 사람들이다.

(3) 죽음의 벽을 넘고 사망의 강을 건너 자유를 찾아 구사일 생한 사람들이다.

중국 대륙, 혹은 동남아 제3국을 경유해 온 탈북민은 금덩어리처럼 가치 있고 진주처럼 빛나는 사람들이다.

(4) 고난의 행군 시절, 3백 만이 넘는 희생자들 중에서 살아남은 생존자요, 승리자이며 영웅들이다.

죽음의 고비에서 불굴의 의지로 자유를 찾아 이 땅을 찾아온 탈북민들은 생명의 가치를 누구보다 잘 알기 때문에 그 생명을 살리는 사명을 누구보다 잘 감당할 수 있는 사람들이다.

(5) 고난의 행군 속에서 받은 마음속의 깊은 상처와 아픔을 남한 사회에서도 드러내지 않고 필사적으로 이겨내려 노력하는 속 깊은 사람들이다.

이런 노력과 열정을 가진 사람들이 복음을 통해 예수님을 구세주와 주님으로 믿어 거듭나 주님의 군사가 된다면 같은 아픔을 지닌 탈북민 전도와 북한 선교에 누구보다 귀하게 쓰임 받는 사명자가 될 것이다.

(6) 생존 의식이 굉장히 강하고 용기와 패기가 비상한 꿈과

비전의 소유자들이며 이산가족 단합의 선구자 역할을 감당한 일꾼이다.

탈북민들은 모든 것을 잃어야 했던 상황에서 자유를 찾았다. 살기 위해 죽음의 위협도 두려워 않고 숱한 위기를 극복했던 탈북민들은 하나님 나라를 향한 위대한 꿈과 소망을 전파할 준비된 재목이다.

(7) 두고 온 고향이지만 아직도 거기 계시는 친지는 잊지 않고 어떻게든 지원하려고 방법을 알아보는 효자, 효녀들이다.

병든 아버지를 위해 산 제물로 깊은 바다로 뛰어든 효녀 심청이의 마음처럼 귀하다.

(8) 스스로의 앞길과 난관을 헤쳐나가려는 개척정신과 열정이 비범한 사람들이다.

한국이 앞으로 통일이 되고, 북한 땅을 전도하기 위해서는 얼마나 많은 문제들이 앞을 가로막고 있을지 알 수 없다. 그런 문제를 해결하기 위해선 불가능에 도전해 이룬 탈북민들이 필요하다.

(9) 준비된 애국자이며 남북통일에 기여하기 위해 하나님이 예비하신 미래의 역군이다.

자유의 소중함과 통일의 필요성을 누구보다도 뼛속 깊이 체험한 사람들이 탈북민이다. 평화에 익숙해진 한국의 성도들과 사역자들의 마음에 통일을 향한 열망과 바른 북한 선교를 위한 열정을 일깨울 사람들이 바로 탈북민들이다.

(10) 통일 한반도를 꽃피우기 위한 씨앗으로 귀한 인재이자 준비된 지도자들이다.

급격한 변화에 적응하지 못하는 탈북민들을 복음의 힘으로 거듭나게 하고 하나님이 주신 사명의 길로 걸어가게 할 때 하나님이 예비하신 평화 통일의 때에 귀하게 쓰임 받을 재목들을 준비할 수 있다.

(11) 북한의 공산주의와 남한 자유민주주의 사회를 비교 경험했기 때문에 둘 사이를 화목하게 할 수 있는 가교가 된다.

탈북민들은 한국에 와서 남한을 경험했지만 대부분의 남한 사람들은 북한을 제대로 알지 못한다. 깊고 깊은 70여 년의 간극을 해소하고 평화통일의 다리를 놓을 수 있는 사람이 탈북민들이다.

2. 탈북민은 어떻게 변화될 수 있을까?

평범한 사람을 위대한 애국자로 만드는 방법이 있다.

복음을 전해 믿고 알게 하는 것이다.

복음의 진수를 깨달은 사람은 민족을 사랑하지 않을 수 없게 된다. 제아무리 평범한 사람도 아름답고 위대한 영웅으로 새롭게 창조하는 것이 복음의 능력이다. 하나님의 말씀은 들판에 떨어진 바스러진 씨앗도 풍성한 열매를 맺는 아름드리나무로, 향기로운 장미꽃으로 키워낼 능력이 있다.

이러한 변화는 사죄와 거듭남에서 시작된다.

회개는 사람을 새롭게 변화시킨다.

회개하기 위해선 복음을 들어야 한다.

들음에서 믿음이 생기며 그 믿음이 사람을 변화시키기 때문이다.

"그러므로 믿음은 들음에서 나며 들음은 그리스도의 말씀으로 말미암았느니라"(로마서 10:17)

이 원리는 탈북민에게도 마찬가지다.

탈북민을 위한 전도와 기도, 주변 교인들의 희생과 보살핌이 어우러질 때에 탈북민은 그리스도의 향기를 풍기는 그리스도인이자 일당백의 복음의 용사가 된다. 한반도 복음 통일의 역군으로 쓰임 받는 사람들로 거듭나게 된다. 남한에서도 이런 변화를 경험한 사람이 지도자로 선출되어야 평화통일에 한 발짝 더 가까이 다가가게 된다. 이런 체험을 한 사람들은 여러 어려운 사람들을 돕고 협조하면서 자기희생을 아끼지 않는 애국자가 된다.

회개를 통해 죄에서 구원하는 능력이 복음에 있으며 그렇기 때문에 복음은 모두가 귀 기울여 들어야 한다. 믿음은 들음에서 나며, 복음인 하나님의 말씀을 들을 때만 믿음이 생긴다.

"내가 복음을 부끄러워하지 아니하노니 이 복음은 모든 믿는 자에게 구원을 주시는 하나님의 능력이 됨이라 첫째는 유대인에게요 또한 헬라인에게로다"(로마서 1:16)

"죄의 삯은 사망이요 하나님의 은사는 그리스도 예수 우리 주 안에 있는 영생이니라"(로마서 6:23)

3. 탈북민의 자부심과 맥박 그리고 긍지

남과 북은 분단 이후 오랜 기간의 분쟁으로 서로 벽을 쌓고 180도 다른 사회로 변화해갔다.

남한은 북한을 모르며 북한도 남한을 잘 모른다.

오랜 적대관계로 사회적 제도, 언어, 전통, 가치관, 생활, 종교 등 여러 가지가 다른 쌍방 독립 체제로 굳어버렸다. 실타래처럼 엉킨 문제들이지만 하나씩 풀어나가야 둘이 하나가 된다. 이념과 사상의 대립으로 이루어진 적대적 관계를 푸는 해법은 핵이나 무력, 정치적으로 봉합시키려고 한다면 엄청난 희생과 재앙에 봉착하게 될 것이다. 설령 이런 방법으로 통일을 이룬다 해도 엄청난 희생과 재앙에 봉착하게 될 것이다. 지금의 시대상황에서는 남과 북의 화해를 조성할 수 있는 특수한 지도자들이 필요하다.

어떤 사람들이 이런 일을 할 수 있을까?

탈북민, 그들은 누구일까?

바로 북한에서 태어나 자랐지만 남한을 경험한 사람들이다. 한국의 탈북민들은 대부분 자본주의 시장경제를 경험하며 습득하는 교육 과정 중에 있다. 180도 다른 양 나라의 모든 체제를 경험하고 배워간다는 점에서 탈북민들은 미리 준비된 통일 일꾼들이라고도 할 수 있다.

탈북민들은 사랑하는 고향의 가족과 친지들을 뒤로 하고 병든 몸과 무일푼 빈손, 빈발로 남쪽을 향해 목숨 걸고 내려온 사람들이다.

무일푼에 지친 몸을 이끌고 살아남기 위해 발 딛는 곳곳마다 상처를 받으면서도 생과 사의 갈림길에서 극적으로 넘어온 영예군인들이며, 독재 정권의 유린과 감시 속에서도 살아남은 초인간적 용기와 담대함을 지닌 용사들이다. 자유의 나라로 구사일생 탈출에 성공한 영웅들이다. 그러므로 그들은 남북통일의 척후병이며 열렬히 환영받고 축하받아야 할 자격이 있는 사람들이다.

그들은 밟히면 맨발로 맨손으로 생존을 위하여 벌떡 일어나는 비상한 경험자들이다. 이들은 빈손으로 빈발로 구사일생의 기적으로 생명을 내걸고 죽음의 함정에서 탈출해 살아온 귀한 인생이다. 자유와 꿈을 찾으려고 무작정 삶의 터전을 떠나 지옥에서 살아나온 영웅들이다. 향후 전화위복으로 민족의 애국 지도자가 될 수 있는 기력과 패기를 갖고 있다. 장차 평화적으로 남북통일이 이루어졌을 때 북한의 복음화에 큰 역할을 수행할 진주 같은 미래의 일꾼들이다.

이들은 평범한 북한 민중들이 아니라 숨겨진 금덩어리, 보석과도 같은 존재들이다. 정권의 부패로 인한 착취와 허위 속에서 희생된 시체더미 속에서 새싹처럼 돋아 나와 빛을 발하는 애국적인 민족 지도자들로 부활할 사람들이다. 잠재적 민족 일꾼으로 발 벗고 나설 사람들이며 이념적 공해에서 벗어난 순수하고 때 묻지 않은 애국 인재들이다.

통일된 새로운 나라가 되려면 오염되지 않은 순수한 애국심을 가진 세대에서 지도자가 나와야 한다. 남한과 북한을 모두 경험하여 양쪽을 다 잘 이해하는 귀한 일꾼들이어야 하는데 탈북민이야말로 그 일에 적합하다고 볼 수 있다. 이들이 가진 북한 선교 관점에서의 기능은 그들의 '맥'을 짚어볼 때에 찾을 수 있다.

4. 복음의 능력과 예수님을 믿음으로 받은 죄 사함

(1) 좋은 소식! 인간변화! 복음! 거듭남! 영적체험!
진리는 예수님이시며 예수님은 우리에게 자유를 주신다.

자유는 곧 생명이며, 새로운 생명은 진리에서 온다.

"말씀이 육신이 되어 우리 가운데 거하시매 우리가 그 영광을 보니 아버지의 독생자의 영광이요 은혜와 진리가 충만하더라, 우리가 다 그의 충만한데서 받으니 은혜 위에 은혜러라"(요한복음 1:14,16)

통일된 새날이 찾아왔다고 생각해보자.

자유의 바람이 불어 모든 억압과 감시가 사라진 세계···. 억압 통치에서 해방된 북한 주민들도 자유로운 세상에서 마음껏 살아갈 수 있는 시대가 되었다.

완전한 자유 평화와 안정이 우리 땅에 찾아온다.

고향에 두고 온 부모, 형제, 친척들도 만날 수 있게 된다.

고향의 따스한 향기와, 오염되지 않은 하늘과 진달래꽃 피는 산의 흙냄새, 오염되지 않은 맑은 시냇물, 달콤한 약수를 맛볼 수 있게 된다.

자유란 이처럼 귀한 가치가 있는 하나님의 선물이다.

참된 자유는 무엇이며 어디에서 오는가?

무엇보다 마음이 자유로운 것이 진정한 자유이다.

마음속의 평화는 오직 성경, 즉 하나님의 말씀에서만 찾을 수 있다. 그러기 위해 우리는 새롭게 태어나야(거듭나야) 한다.

새롭게 태어난 사람은 영적인 새로운 경험을 하게 된다.

이러한 변화는 모두 하나님의 능력으로만 가능하다.

"내가 복음을 부끄러워하지 아니하노니 이 복음은 모든 믿는 자에게 구원을 주시는 하나님의 능력이 됨이라 첫째는 유대인에게요 또한 헬라인에게로다"(로마서 1:16)

복음은 모든 사람에게 필요한 것이며, 모든 사람은 말씀을 통해 거듭나 새로운 체험을 해야 한다. 말씀을 단지 아는 차원에서 끝내는 것이 아니라 믿는 차원으로 다가갈 때 새사람이 될 수 있다. 예수 그리스도가 하나님이라는 진리를 마음으로 믿을 때 새사람이 된다.

사람은 육체적 생명과 영적인 생명, 두 가지 생명을 가지고 있다. 영적으로 거듭날 때 하나님이 주시는 복된 경험도 하게 된다. 예수님이 십자가에서 우리의 죄를 대속하심으로 인간의 죄의 값을 속량해주셨음을 믿음으로 이런 변화가 이루어진다.

(2) 복음과 나의 인생

복음은 변질된 인간을 하나님의 창조 형상으로 돌려놓는 영적인 힘이다.

성경은 모든 사람은 죄를 지었다고 말한다.

"모든 사람이 죄를 범하였으매 하나님의 영광에 이르지 못하더니"(로마서 3:23)

주님이 세상에 오신 것은 죄인을 찾아 구원하기 위함이다.

"내가 의인을 부르러 온 것이 아니요 죄인을 불러 회개시키러 왔노라"(누가복음 5:32)

복음은 씨앗과 같다.

씨는 먼저 옥토에 심어져야 하고 물과 햇빛을 받아야 싹이 나온다. 전도자는 씨를 뿌리는 사람이지만 뿌려진 씨가 흙에서 올라와 자라나면서 열매를 맺도록 하는 이는 하나님이시다.

"나는 심었고 아볼로는 물을 주었으되 오직 하나님은 자라나게
하셨나니"(고린도전서 3:6)

옥토에 씨를 뿌리려면 좋은 땅인지 먼저 확인을 하고, 좋은 땅이 되도록 관리해야 한다.

죄를 회개하는 첫 번째 준비는 주님의 새 생명의 씨앗을 품기 위해 내 마음 밭을 옥토로 가꾸는 것이다. 씨를 뿌리는 자는 올바른 씨를 뿌려야 하며, 씨는 옥토에 심어져야 풍성한 열매를 맺을 귀한 싹이 나온다. 전도자는 그런 점에서 좋은 농부가 되고자 해야 한다.

남한에 자유를 찾아 목숨을 걸고 탈북한 사람들의 수가 3만 5천여 명이나 된다고 한다. 추세로 보아 앞으로 탈북하는 사람들은 점점 많아질 것이다. 그들은 구사일생으로 내려와 새로운 생명을 얻은 특별한 사람이며 잿더미에서 발견된 귀한 진주 같은 영혼을 가진 사람들이다.

100마리 양 중 잃어버린 1마리 귀한 양이며 잃었다가 다시 찾은 한 드라크마처럼 고귀한 존재이다. 재산을 탕진하고 돌아왔지만 극진한 대접을 받은 탕자만큼 주님이 기뻐

하시는 영혼들이다(누가복음 15:1-10 참조).

　성경에 나오는 탕자는 아버지의 재산을 갖고 외지로 나
갔다가 다 날려먹고 돌아왔지만 너그러운 아버지의 사랑
으로 용납된다. 탕자의 행동은 지금 우리가 보기에는 곱지
않은 행동이지만 그런 행동까지 받아준 아버지의 사랑으
로 변화되어 평생 보답하는 좋은 아들이 되었을 것이다.
　생사의 고비를 넘어 한국에 도착한 탈북민들 중 이 원리
를 깨달아 변화된 많은 훌륭한 크리스천 리더들이 있다.
　물론 그들의 깊은 상처가 쉽게 아물 수는 없다. 겉으로 티
는 안 내도 대화를 나누다 보면 그들의 마음속에는 표현 못
할 상처와 아픔이 자리잡고 있다. 그들의 상처는 같은 아픔
을 경험해본 적 없는 남한 사람들을 지속적으로 만나며 더
욱 깊어진다.

　탈북민의 이런 상처와 아픔은 오랜 시간이 지나도 사람
의 힘만으로는 치유가 불가능하기에 하나님의 사랑으로
그들을 품어주려는 헌신적인 자세를 가진 성도들이 필요
하다. 자유를 찾아 내려온 탈북민은 지나친 간섭이나 호의
도 불편하게 느낀다. 이 사실을 모르는 남한 사람들의 호의
와 만남이 독이 되는 경우가 많다.
　탈북민과 남한 성도의 이런 차이는 남 몰래 품은 상처와
아픔을 극복하려는 방어에서 오는 것이기 때문에 의아하

게 바라보고 정죄하기보다는 복음이라는 올바른 처방을 내려줘야 한다. 참된 진리만이 이들의 마음을 고칠 수 있기 때문이다.

주체사상을 극복하고 이념을 바꾸는 것도 중요하지만 모든 인간에게는 복음인 말씀으로 거듭남을 경험하고 새사람으로 변화시켜주는 진리가 필요하기 때문이다. 그러기에 탈북민들에게 정말로 필요한 것이 복음임을 알려주기 위해서라도 먼저 그들을 잘 이해시켜줄 수 있는 책이나 시스템이란 기반이 필요하다.

5. 교회와 나

교회(예수님을 믿는 사람들)는 성령님이 임재하신다.
두세 사람이 예수님의 이름으로 모이는 곳이 교회며 하나님은 이런 교회에 우리와 함께 하신다고 약속하셨다.
"두 세 사람이 내 이름으로 모인 곳에는 나도 그들 중에 있느니라"(마태복음 18:20)
교회는 영적으로 죽은 사람을 살리고 변화시키는 지성소다. 죽을 수밖에 없는 상처와 아픔을 가진 사람에게 진정으로 필요한 것은 복음이다.

복음은 인간을 새로운 창조물로 거듭나게 하며 교회는 그들의 모임의 장소이다. 예수님은 의인을 찾아오시지 않았기 때문에 교회에는 죄와 허물이 많은 사람들이 찾아와야 한다.

"내가 의인을 부르러 온 것이 아니요 죄인을 불러 회개시키러 왔노라"(누가복음 5:32)

예수님이 가지고 오신 복음은 회개하라는 명령이며 이 명령에 순종하기만 하면 의인으로 인정되어 죄에서 해방되는 새로운 경험을 하게 된다.

예배는 거듭난 사람들의 헌신, 사랑, 찬송, 말씀, 그리고 기도로 성령을 간구하는 진리의 자세로 드려져야 한다. 교회의 머리는 예수님이시고 성도들은 사회에서 빛과 소금의 역할을 해야 한다.

"심령이 가난한 자는 복이 있나니 천국이 저희 것임이요"(마태복음 5:3)

세상의 모든 교회들은 지역과 문화, 언어에 따라 차이가 있지만 복음이라는 공통점이 있기에 어디서든 제 역할을 할 수 있다.

만약 교회가 전도와 선교의 사명을 수행하지 못하고 행함이 있는 참 믿음을 갖추지 못한다면 필연적으로 세속화의 길을 걷게 된다. 오늘날의 많은 교회들이 믿음을 잃어버리고 세속화로 물들어가고 있다. 교회에서는 하나님의 말씀만이 살아서 역사해야 한다.

"하나님의 말씀은 살았고 운동력이 있어 좌우에 날선 어떤 검보
다도 예리하여 혼과 영과 및 관절과 골수를 찔러 쪼개기까지 하
며 또 마음의 생각과 뜻을 감찰하나니"(히브리서 4:12)

때때로 탈북민들이 먼저 남한의 자본주의 문화에 적응
하려고 노력하며 교회를 찾음에도 문화적 차이와 영적 해
이함으로 오히려 교회가 이들을 수용하지 못하는 경우가
있다.

여러 원인이 있겠지만 나는 무엇보다 남한 사람들의 무
관심이 가장 큰 문제라고 생각한다. 탈북민을 단순히 못 사
는 나라에서 도망쳐 나온 사람들로만 이해하고 있어 그들
의 예민한 자존심과 나름의 전통, 긍지, 가치관을 알지도,
알려고도 하지 않고 무의식적으로 상처를 준다.

그들을 다른 문화권에서 이주한 특수한 생활풍습과 꿈이
있는 동포로 인정하며 끌어안을 수 있어야 한다.

2장

탈북민 교회와 영적 부흥

I. 복음과 문화

탈북 신앙인들의 북한 복음화 역할!

복음과 문화는 끊을 수 없는 관계로 분리될 수 없다. 분단이 된 후 수 십년이 지나고 남북은 언어도, 환경도, 생활수준도 크게 차이가 난다. 남북한의 언어생활은 문법, 감정, 표현 등 하나부터 열까지 놀라울 정도로 큰 차이점이 있다.

얼핏 같은 말을 쓴다고 생각하기 쉽지만 탈북민은 언어에서부터 이중문화권에 끼어있는 상태라고 보면 된다. 같은 말을 놓고도 이런 큰 차이가 있기 때문에 두 민족의 역사성뿐 아니라 정체성까지 하나로 모으려는 노력이 선행

될 때 탈북민과 남한 사람들, 그리고 남한과 북한 사람들 사이에 놀라운 정도의 사랑과 화목의 다리가 연결될 것이다.

탈북민에게는 자유를 찾아 사선을 넘었다는 공통점이 있다.

그들이 바라는 대로 탈출에 성공하여 몸은 남녘땅에 있으나 그들이 태어나고 살아온 고향을 평생 잊을 수도 없다. 이 괴리에서 오는 심리적 갈등을 탈북민들은 평생 안고 살아간다. 탈북민은 북조선 공화국의 인민도 아니고 그렇다고 대한민국 국민도 아닌, 무국적자와 같은 '탈북민'이라는 꼬리표를 달고 있다. 이들이 남한에서 살아가며 겪는 문화적 경제적 차이가 너무 크다. 이런저런 이유로 남한 사람들에게 상처를 받으며 힘겹게 살아가는 탈북민이 정말로 많다.

탈북민은 겉보기에는 남한 사람들과 다를 바가 없지만 해외로 이민 간 동포들이 다른 문화권에서 받는 차별대우와 비슷한 사회적 거리감과 대우를 받고 살아가기에 마음의 문을 쉽게 열지 못한다. 외국 문화권에서 살아가는 소수민족의 의식과 비슷하다. 동포임에도 이런 차별을 받는다고 생각하면 탈북민이 받는 마음의 상처는 오히려 더 클 수도 있다.

북한과 남한은 다른 체제, 다른 환경, 다른 문화에서 75
여 년이라는 짧지 않은 세월 동안 분단되어 있었기 때문에
문화, 이념, 사회 제도, 언어가 모두 다르다. 그동안 백두혈
통, 주체사상, 유물론 사상으로 물들여진 인민을 자유민주
주의, 시장경제, 종교의 자유의 이념을 존중하는 21세기의
보편적 시민으로 변화시키기에는 많은 시간이 필요하다.

개인적으로 이런 궁극적인 변화는 복음으로만 가능하다
고 본다.

오랜 기간 세뇌된 북한 사람들의 정신 역시 순수한 예수
님의 복음이 귀에 전해지고, 진리를 깨닫고 마음으로 결단
하는 사람들이 하나, 둘씩 늘어날 때에만 진정한 의미의 혁
명이 일어날 수 있다. 모든 것을 변화시킬 힘이 있는 강력
한 복음이 탈북민뿐 아니라 북한 주민들에게도 그들에게
익숙한 언어와 문화의 틀 안에서 선포되면 엄청난 회개 운
동을 시작으로 그야말로 '복음의 폭발'이 일어날 것이다.

2. 탈북민 복음교회

해방 후 북한에는 남한보다 복음이 빨리 퍼졌다.
일제 강점기 전후에도 평양 인구의 25%가 기독인이
었다.

김일성 가문도 역시 기독교인이었다.

1945년 해방 후 많은 이북 실향민이 성경을 들고 탈북했다.

한경직 목사도 평양북도 의주시에서 담임목회를 했었다. 공산당의 핍박에 못 이겨 신도들과 함께 남쪽으로 내려와 영락교회를 개척했다. 충현교회도 북에서 내려온 신도들이 개척한 대표적인 교회다. 북에서 많은 실향민이 자유를 찾아 남으로 파도처럼 내려왔다.

1950년 전쟁 전후로 남한교회 과반수가 북에서 내려온 목사, 장로, 평신도들로 구성되었다고 해도 과언이 아니다. 지금 한국이 7만여 개의 교회, 천만의 성도가 우뚝 선 세계가 놀랄 영적 위상을 가지게 된 데에는 북에서 내려와 믿음의 터전을 다진 이들의 노력이 없이는 불가능했을 것이다.

북에서 남으로 복음을 들고 내려온 시대가 지나고 이제 오늘날 역으로 남에서 북으로 복음을 들고 들어가야 할 때가 다가오고 있다.

현재 북한에는 당이 평양에서 운영하는 봉수교회와 반석교회 두 곳만 명맥 상 유지되고 있을 뿐이다. 북한 전 지역 어느 곳에도 두 곳 외에 드러나 있는 교회는 없다. 북한에서는 종교, 그중에서도 기독교는 반드시 핍박해야 할 배척의 대상이다.

외국인이 북조선에 입국할 때 세관에서 가장 먼저 듣는 말은 "성경책은 공화국에 못 들고 갑네. 세관에 맡기고 출국할 때 찾아가시요"이다. 성경이 없다고 해도 짐을 샅샅이 뒤져 숨겨놓은 성경이 없는지 조사한다. 세계 어느 나라도 북한처럼 공식적으로 성경을 금지하는 국가는 별로 없을 것이다.

자유를 찾아 국경의 강을 건너 중국과 제3국을 통해 탈북한 사람들이 이제는 다시 복음을 들고 고향을 향해 떠나는 역전의 시대가 찾아올 것이다.

반복해 말하지만 70여 년 분단된 한반도에는 남북 간의 문화, 언어, 화폐, 이념 등이 서로 비교 할 수 없을 만큼 넓은 격이 생겼다. 남과 북의 문화적, 언어 표현의 격이 너무 넓어졌다. 이념과 정체성과 역사관이 쌍방 대립으로 색깔이 변질되었다.

탈북민은 출생 때부터 백두혈통 통치하에 "당이 결정하면 우리는 한다"라는 구호를 외치며 수령의 교시에 무조건 따른다는 명령 통치 사회에서 자랐다. 사회주의 불신사회에서 성장한 사람들이다. 남한 자본주의 시장경제 사회에서 적응하는데 탈북민들이 평생 감시사받으며 형성된 인민적 사고방식에서 탈피하기 위한 시간적 여유가 필요하다는 것이다.

3. 탈북민 교회개척 필요성

탈북민들이 남한에서 자발적으로 모여 개척한 교회가 전국적으로 60개 이상이 된다고 한다.

굳이 탈북민들만 모이는 교회가 필요한 이유가 있을까?

탈북민들이 주축이 된 교회는 탈북민들의 전도와 영적 성장에 더 효과적이다. 앞서 설명한 내용들로 인해 탈북민들은 기존 남한 교회에 적응하기가 쉽지 않아 자체적인 개척 현상으로 이어지는 것 같다.

자유를 찾아 남으로 내려온 후 탈북민들 중 많은 사람들이 주님을 영접하며 육체뿐 아니라 영혼까지 변화된 삶을 살고 있다. 그중 400명이 넘는 사람들이 하나님의 부르심을 받아 복음을 위한 사역의 현장에 뛰어들었다. 이들은 통일이 된 후 고향에 돌아가 친지를 비롯한 북한 주민들에게 복음을 전하고 북한 방방곡곡에 교회를 개척할 선구자 역할을 감당할 것이다. 늘어나는 탈북민들의 영혼을 위한 복음의 안식처가 전국 곳곳에 필요하기 때문에 탈북민들이 마음 편히 모일 수 있는 탈북민 교회도 더 많이 늘어나야 한다.

주님 안에서 거듭난 탈북민은 훗날 복음을 통한 통일에 헌신할 애국 신앙인으로 놀라운 준비가 되어 있는 택함을 받은 민족이다. 통일까지 안 가더라도 북한이 조금만 자유로워져 인력을 개방한 사회로만 발전되어도 이들을 통해 북한의 종교와 문화를 급격히 변화시킬 기폭제가 될 것이다.

주체사상 세뇌 교육에 길들여진 북한 사람들은 남한의 자유와 종교, 문화, 언어 등에 사회적으로 적응되기까지 시간이 필요하다. 아무리 잘 준비된 통일이라 하더라도 이들은 하물며 교회에도 적응하기가 힘들 것이다. 자본주의 회사 기업체 같은 교회 구조, 조직, 교인들의 선후배 계급 호칭과 인정, 여러가지 스트레스 등으로 복음의 본질에는 접근하기도 어려울 것이다.

현지인들에게 개인적으로 복음을 전하거나 그런 기회를 마련한 자리에서도 여러 가지 제약이 있을 수 있다는 말이다. 이미 남한에서 교회와 관련된 행사 등에서 탈북민들이 받는 대우를 생각해보면 거부반응이 예상된다.

기독교의 영적 경험은 자라난 고향의 문화와 끊을 수 없는 연관성이 있다는 것이 사회학적 연구에서 이미 입증됐다. 기독교 선교학에서도 현지의 '언어, 문화'와 영적 경험과는 큰 연관성이 있다고 주장하고 있다. 북한에서 전도하는 남한 크리스천들은 표현에도 크게 신경 써야 할 것이다.

한국 사투리가 조금씩 차이가 있듯이 평양도, 양강도, 함경도 등 지역마다 말이 조금씩 다르다.

'하늘에 계신 우리 아버지'는 '하늘에 계신 우리 아바이'로 전달될 때 북한 주민들이 조금 더 받아들이기 쉽다.

나고자란 고향의 익숙한 언어를 통해 종교와 문화를 접할 때 마음의 상처에 치유가 된다는 심리학자의 연구도 있다. 이산가족들이 상봉할 때 얼굴도 기억 못 할 정도로 오래 떨어져 있었음에도 단박에 기쁨의 눈물을 서로 닦아 주면서 끈끈한 감정 표현을 할 수 있는 이유는 서로 같은 말로 소통하기 때문이다. 이것은 사람이라면 누구나 당연하게 여기고 받아들이는 사회적 약속이나 다름없다.

영락교회와 충현교회 초대 제직들은 전부 평안도 말을 쓸 정도로 북한 교인들이 많았다고 한다. 이들이 평안도 말을 쓴다고 남한 사람들을 배척했다면 한국 교회에 오늘날 같은 부흥은 없었을 것이다. 마찬가지로 오늘날 남쪽에 내려온 탈북민들이 겪고 있는 문화적 갈등과 언어 표현의 적응에 비판적인 자세보다는 너그럽게 받아들이는 자세가 필요하다. 이들이 겪는 어려움을 이해하고 받아들일 수 있다면 훗날 북에서의 복음 전파에 오히려 강점으로 발휘될 수 있기 때문이다.

해외에서 오래 생활한 교포라도 현지 언어로 예배하는

모임에 참석하면 은혜를 느끼기가 어렵다. 하지만 아무리 오랜 생활 타지에서 지내며 말이 익숙해졌다 하더라도 모국어로 예배하는 자리에 참석하는 순간 이전에 느껴보지 못한 영적인 친근감을 경험할 수 있다.

마찬가지로 탈북민들 역시 언어 표현이나 문화적 가치는 각자 자라난 고향의 말로 친지들과 나누는 감정표현이 더 진지하며 따스한 동질감을 느낀다. 영적 종교 모임에서도 남한 표현보다 고향의 언어 표현이 더욱 친밀하게 느껴진다. 이런 이유로 남한으로 내려온 탈북민들을 위한 복음교회 개척이 필요한 것이다.

같은 고향에서 내려와 이산가족이 재회하는 순간이 바로 이와 같은 기쁨이자 특권이다. 북한이 점차 개방되며 복음을 전할 기회가 생겨난다면 이런 이유로 탈북민이야말로 북한에 하나님의 사랑을 전함으로 전 국토를 예수님의 십자가 보혈로 물들이는 귀한 일에 쓰임 받게 될 것이다.

4. 두고 온 북조선 고향 사람들을 위한 탈북 기독인의 사명

기독교는 진리의 신앙이다.

언어와 문화와 이념과 국가의 벽이 막을 수 없는 영적 진리이다. 탈북 크리스천에게는 고향에 두고 온 사랑하는 친지들에게, 또 이 진리를 모르는 고향 인민들에게 전해야 할 사명과 의무가 있다. 불난 집에서 살 수 있는 구원이라는 유일한 출구를 소개해야 할 의무가 탈북 크리스천에게 있다. 자유를 찾아 남으로 내려온 우리 믿음의 신앙인들이 사랑하는 고향의 사람들에게 그리스도가 살아계신 하나님이라는 진리를 전하지 않는다면 어느 누가 가서 전하겠는가?

기독교 복음의 핵심은 십자가를 지신 예수 그리스도이다.

이 길만이 유일한 구원의 길임을 우리 탈북 크리스천들은 알고 있다.

> "예수께서 이르시되 내가 곧 길이요 진리요 생명이니 나로 말미암지 않고는 아버지께로 올 자가 없느니라"(요한복음 14:6)
> "다른 이로써는 구원을 받을 수 없나니 천하 사람 중에 구원을 받을 만한 다른 이름을 우리에게 주신 일이 없음이라 하였더라"(사도행전 4:12)

탈북민 성도들은 구원의 복음을 남한에서 누릴 뿐 아니라 '때를 얻든지 못 얻든지' 고향 사람들에게도 진리를 전하고자 하는 마음을 가지고 준비해나가야 한다.

> "너는 말씀을 전파하라 때를 얻든 지 못 얻든 지 항상 힘쓰라 범사에 오래 참음과 가르침으로 경책하며 경계하며 권하라"(디모데후서 4:2)

주님의 도움으로 진리를 깨닫고 구원받아 사명자의 책임을 감당하는 우리 모든 탈북 신앙인들이 되길 기도한다.

"내 이름으로 일컫는 내 백성이 그 악한 길에서 떠나 스스로 겸비
하고 기도하며 내 얼굴을 구하면 내가 하늘에서 듣고 그 죄를 사
하고 그 땅을 고칠지라"(역대하 7:14)

5. 사회주의 사상에서의 전향과 영적 거듭남의 차이점

'전향'과 '영적 거듭남'은 '극적인 회심'이라는 뜻으로 비슷한 의미로 느껴질 수 있지만 면밀히 따져보면 큰 차이점이 있다. 공산 사회주의 사상과 자유민주주의 사상이, 남한에서 진보 사회주의파와 보수 자유민주주의 시장경제파로 구분되고 있다. 같은 변화도 사회주의에서는 전향이라고 표현하며 민주주의에서는 거듭난다고 표현한다. '거듭남'은 '전향'에 비해서 긍정적인 의미가 훨씬 강하다.

사회주의에서 자유민주주의로 바꾸는 것은 '전향'이라고 하며 자유민주주의에서 예수님을 구세주로 영접한다는 표현은 '거듭난다'고 한다. 전향은 이념과 사상을 좌에서 우로 바꾸는 것이며, 거듭난다는 것은 인간의 죄를 용서받고 죄에서 해방되어 영원한 생명을 가진다는 뜻이다. 이념적

인 변화도 중요하지만 거듭남으로 진정한 자유를 찾는 것이 더욱 중요한 변화다.

자본주의는 노동의 대가로 하나님이 주신 인간의 능력으로 자신의 삶을 개척할 기회를 가진 사상이지만 사회주의는 인간의 창조성과 존엄성에 도전하는 독재 통치의 기만주의 사상이라고 생각한다. 인민의 노력의 대가를 거두어 수령의 이름으로 배급하는 '배급 경제'가 통치의 핵심이기 때문이다.

이런 차이를 메우지 못했기 때문에 지난 70여 년 동안 이루어졌던 수많은 남북 협정합의는 대부분 실패했다. 언제나 북한이 일방적으로 파기했다. 공산당과의 합의는 일방적인 것이라는 것을 남한 사람들도 그동안 경험했을 것이다. 물과 기름의 섞이는 것이 불가능한 것과 같다. 북한은 인민의 인력을 중앙당이 거두어 인민들을 통치하는 목적으로 배급경제를 선택한 통치 집단이라고 생각한다. 남한을 위주로 외부에서 보낸 지원물자도 역시 정부가 수령 이름으로 재배급한다.

이런 부조화를 해결하려면 북한 사람들의 거울이라고 볼 수 있는 탈북민에 집중해야 한다. 탈북민은 태생적으로 억압 통치로 인간을 한낱 희생물로 여기는 나라에서 태어났지만 이런저런 경위로 진정한 사람으로 살아가기 위해 목숨을 걸고 이 땅을 찾아온 귀한 영혼들이다.

자유를 찾아 남한으로 와 영적인 거듭남까지 경험한 탈북민에게는 자신감과 자부심, 긍지를 심어주어야 하고 탈북민은 사회가 허락한 자유를 통해 필요한 곳에서 자신의 목소리를 내야 한다.

"수고하고 무거운 짐진 자들아 다 내게로 오라 내가 너희를 쉬게 하리라라 나는 마음이 온유하고 겸손하니 나의 멍에를 메고 내게 배우라 그러면 너희 마음이 쉼을 얻으리니"(마태복음 11:28-29)

제2부

이것이 나의 믿음이요,
간증이다

탈북민 중 거듭난 사람들의 숨김없는 솔직한 고백서

1장

복음은 북한을 치료할 약입니다

김경일 목사

I. 나의 거듭남과 예수의 힘

나는 북한의 두메산골에서 살았는데, 집안 형편이 아주 어려워 1997년 식량난으로 탈북했다.

1998년 8월, 중국 공안에 쫓기며 한 시골 동네에서 떠돌이로 살아가던 때, 동네 사람이 풍채 좋은 한 사람을 소개했다. 그들은 내게 "북한에서 대학도 나왔는데 학교에 가지 않겠느냐?"라고 했다. 정말 많은 고민을 했다. 빨리 돈을 벌어서 가족을 먹여살려야 하는데 할 일은 마땅치 않고 힘들게 일을 구해도 임금을 받지 못하는 경우가 많아 힘든 상황이었다. 그나마 학교라도 가면 신분 문제는 해결될 것 같아 제안을 받아들였다.

소개 받은 풍채 좋은 사람이 나와 친구를 앉혀놓고 기도를 했는데 친구는 "아멘!"하고 화답 했지만 내 입에선 "아멘!"이 나오지 않았다. 믿지도 않는데 따라하는 것이 힘들었고, 하나님이 계시다는 것도 믿지 못했다.

다음날 약속 장소에서 기차를 타고 길림에 도착했다.

한 아파트 6층에 한국 선교사와 탈북민 5명 정도가 있었는다. 그곳이 학교였다. 나는 속으로 "또 속았구나!"라고 생각하며 친구에게 돌아갈 것을 제안했지만 친구는 "더 있어 보겠다"라고 해 같이 좀 더 지켜보기로 했다.

처음 만난 남한 사람은 배가 나올 정도로 풍채가 아주 좋았고, 민족을 위해서라며 북한 사람들을 위해서 기도했기에 나는 그가 안기부 사람일 거라고 생각했다.

그러나 그곳에서의 생활은 매일 성경을 읽고 기도하는 것이 전부였다. 관심도 없는 성경이었지만 이상하게 읽으면 읽을수록 걷잡을 수 없는 감동이 마음에 가득 찼다.

어느 날부터 하루 종일 성경을 읽어도 지치지 않았다.

저녁이면 혼자서 주방에 나와 성경을 읽었다.

예수님이 십자가에 달리시는 장면을 읽을 때는 눈물을 흘리며 기도했다.

"하나님! 만약 하나님이 저 북한 땅을 회복시켜 주신다면 우리는 죽어도 좋습니다. 그리고 우리의 목숨을 주님 앞에 내놓을 테니 우리가 지키지 못한 우리 가족들은 주님께서 지켜주소서."

처음 예수님을 구주로 고백하던 기도였다.

주님 앞에 모든 죄악들을 고백하는 시간이 있었고, 그렇게 주님의 은혜로 거듭나게 되었다. 그때부터 예수님은 나의 주인이 되셨고, 내 인생 전부를 예수님께 드리기로 작정했다. 예수님을 인격적으로 만나고 난 후에 내 인생은 완전히 달라졌다.

예수님을 믿기 몇 개월 전의 내 모습은 믿을 수 없을 정도로 철이 없었음을 느꼈다. 예수님을 믿는다는 것은 우리의 삶에 직접적인 변화를 가져오며, 그동안 느껴보지 못한 기쁨을 느끼게 하며, 삶의 의미에 대하여 답을 찾게 하며, 참된 평안이 무엇인지에 대하여 알게 한다는 것을 나는 체험으로 깨달았다.

2. 그리운 고향 생각 그리고 고향 복음화와 선교

중국으로 탈북한 우리가 예수를 믿는다고 중국 공안에 체포되면 강제 북송된 후에 어떻게 될지 누구보다 잘 알고 있지만 그럼에도 목숨을 걸고 고향을 복음화하고 북한 사람들을 구원하는 일에 쓰임 받는다면 죽어도 좋다고 이미 고백했다.

나는 한국 선교사님을 통해 복음을 듣고 성경을 읽기 시작했다. 고향을 위해 기도하면서 훈련을 받고 파송되어 당시 연변을 비롯한 국경지역에 많이 흩어져 방황했던 탈북민들을 찾아 복음을 전하고 북한의 복음화를 준비했다.

국가로부터 버림받고 누구도 관심 갖지 않았던 소외된 우리를 위해 한국 교회와 세계의 많은 교회들이 선교사를 파송하여 복음을 전했다는 사실이 큰 감동이었고 그 사랑으로 인해 우리들은 북한 동포들과 고향을 위해 일하게 됐다. 태어난 곳도 다르고 탈북한 이유도 제각각이지만 우리 모두의 마음속에는 고향에 대한 간절함과 두고 온 가족들에 대한 아픔이 있었다.

기독교는 지금까지 수많은 박해와 순교에도 불구하고 많은 나라와 민족을 구원한 불굴의 생명력을 가진 종교다. 바로 하나님께서 함께하시기 때문이다. '순교자의 피는 교회의 씨앗이 되었다'는 말처럼 앞으로 북한의 방방곡곡마다 젊은 청년들이 목숨을 바치고 피 흘려, 예수 그리스도의 몸된 교회가 우후죽순 세워질 것이다.

결국 나도 탈북민 구출을 돕다가 공안에 체포되어 12년

형을 선고받고 감옥에 들어갔다.

중국 감옥에 탈북민도 많이 있었다. 살인, 강도, 마약, 인신매매 등 다양한 범죄로 감옥 생활을 하고 있었는데 일부는 억울하게 투옥되기도 했다.

3. 노력하자! 참고 노력하면 이긴다

감옥 생활을 하면서 말할 수 없는 고난의 시간을 보내야 했지만 하나님은 결코 나를 버려두지 않으셨다.

어려움 가운데서도 하나님의 사랑을 느끼며 다른 탈북민 수감자들에게 복음을 전하면서 감사하는 삶을 살았다.

인생의 가장 밑바닥이라고 불리는 감옥에서 살아계신 하나님을 더 가까이 하게 되었고, 인생의 참된 의미에 대하여, 영광스러운 것과 치욕스러운 것에 대하여, 가치 있는 것과 없는 것에 대하여 등 참으로 많은 것들을 생각하고 묵상하는 시간을 가졌다.

감옥에서 가장 힘든 시간을 보낼 때 모르는 분이 친척이라고 찾아오기도 했고 여러 믿음의 동역자들이 끊임없이 편지를 보내줘 하나님의 사랑과 위로를 느끼게 했다.

하나님은 나를 홀로 두시지 않으셨다.

우여곡절 끝에 공안이 나를 옌지 공항으로 이송했고 그

후 한국에 도착했다. 그야말로 기적이었다.

그때 하나님은 내 마음속에 "내가 한다"는 말씀을 주셨다.

하나님은 살아계신다.

언젠가는 북한 땅에서 순교자들이 흘린 피만큼, 저 땅을 위해 기도한 기도의 눈물만큼, 그리스도의 몸 된 교회가 세워질 것을 믿는다.

마지막까지 인내하고 견딘다면 우리 모두 하나님의 일하심을 알게 될 것이다.

나는 하나님의 은혜로 대한민국에 도착해 늦은 나이에 신학을 하고 결혼하여 세 아들을 둔 아빠가 되었다.

또한 하나님의 은혜로 인천에서 교회를 개척하고 탈북민 교회로 복음을 증거하며 중국과 북한에서 방황하는 우리 형제자매들을 구출하는 일도 하고 있다. 그리고 아직은 미약하고 부족하나 하나님의 은혜로 세워지고 훈련되어서 앞으로 북한에 세워질 교회도 준비하고 있다.

내가 하나님의 부르심을 받은 것은 축복이다.

우리 고향의 복음화와 교회재건을 위한 사명을 알고 그 일을 위해 쓰임 받는 것도 축복이다. 대한민국의 많은 탈북민이 고향의 복음화를 위해 준비하고 세워질 때, 하나님은 우리에게 북한을 열어주실 것이라고 믿는다.

훔친 것을 내려놓아라

김성근 목사

I. 하나님과의 만남

나는 함경북도 청진에서 태어나 22년을 살다가 1997년 중국으로 탈북했다. 당시 북한은 무서운 식량난이 전역을 덮친 시기였다.

중국에서 한국 선교사님을 만나 성경을 배우기 시작했지만 나는 하나님에 대해 별 관심이 없었다. 온 마음으로 빨리 돈을 벌어야 한다고 생각했다. 어떻게든 돈을 벌어야 이 무서운 가난에서 탈출해 북한에 계시는 부모님을 살릴 수 있다고 생각했다.

1년 동안이나 성경을 배우면서 선교사님에게 잘 보이기 위해 열심히 잘 믿는 척을 했다. 덕분에 나는 선교사님의 신임을 얻었고 다른 탈북민들에게 성경을 가르치는 팀장까지 되었다.

드디어 기회가 왔다고 생각한 나는 돈을 훔치기 시작했다. 꽤 오랫동안 돈을 훔쳤지만 걸리지 않아 점점 돈이 많아졌다. 중국 돈 3천 위안이라는 꽤 많은 돈이 수중에 모였다. 탈북민에게는 꿈에서나 볼 수 있는 많은 돈이었다. 3천 위안때문에 행복했고 마음이 편했다. 이제는 중국 공안에 체포될 걱정도 하지 않았다. 설령 잡혀도 돈을 내면 풀려날 수 있다고 생각했기 때문이다.

그렇게 돈을 훔치면서도 나는 뻔뻔스럽게 탈북민들에게 성경을 가르치고 예배도 인도했다.

그러던 어느 날 설교하는 마음속에서 날카로운 소리가 들리며 나를 찔렀다.

"너는 도둑이다!"

당황했지만 무시했다.

이 느낌은 다음날, 그 다음날도 계속됐다.

마음속 소리는 점점 더 아프게 나를 찔렀다. 그럴수록 나는 버텼다. 이 느낌이 무엇인지 알려고도 하지 않았다.

그러자 이 소리는 점점 더 나를 힘들게 했다.

고통이 밀려들어도 도저히 돈을 포기할 수 없던 나는 버텼다. 마음의 소리는 시도 때도 없이 나를 점점 더 아프게 찔렀다. 밥을 먹을 때도, 잠잘 때도 찔렀다. 마치 바늘로 콕콕 찌르는 것 같았다. 그렇게 두 달 이상을 시달렸다.

나는 더 이상 견디지 못하고 돈을 포기해야 했다.

돈을 훔칠 때처럼 조금씩 사역비에 보태서 쓰기 시작했다. 그래야만 마음이 편했다. 나는 이 느낌이 북한에서 살때 부모님으로부터 받은 도덕적인 교육 때문에 찔리는 것이라고만 생각했다. 때문에 돈을 포기하면 이 느낌이 사라질 거라고 생각했다. 그러나 설교하는 나에게 예리하고 지겹고 고통스러운 이 느낌은 다시 찾아왔다.

이번에는 내게 이렇게 말했다.

"네가 돈을 훔쳤다는 것을 공개하라!"

나는 정말 놀랐고 고통스러웠다. 여태까지 양심이라고만 생각했는데 그게 아니라는 생각이 들었다. 내가 하는 행동에 따라 메시지가 바뀌었기 때문이다. 내가 아닌 또 다른 인격이 있다는 것을 짐작했고 너무 두려웠다.

'이것이 도대체 뭐지?'

몇 날 며칠을 고민하다 '혹시 성경에서 말하던 성령 하나님이 아닐까?'라는 생각으로 말을 걸어보았다.

"혹시 성령 하나님이십니까?"

"......"

응답이 없었다. 다시 말했다.

"저들은 탈북민들입니다. 저를 죽일 수도 있습니다. 차라리 저를 죽이십시오. 더 이상 이렇게 못 살겠습니다. 이런 상황에서 어떻게 공개하라는 말입니까?"

그 신비한 존재는 아무런 반응이 없었다. 그리고 더 이상 나를 괴롭히지도 않았다.

다음날 선교사님의 어머니 권사님으로부터 "집에 가스레인지가 고장이 났는데 고쳐줄 수 있냐?"라고 연락이 왔다. 중국어를 모르시는 분이라 사람을 부를 수도 없었고 선교사님도 한국에 계셔서 내게 연락을 했다고 하셨다.

선교사님은 안전 문제로 여러 사역장들의 집 위치를 철저한 비밀에 부쳤고 특히 선교사님 사택이 어디에 있는지 아무에게도 말해주지 않았다. 선교사님의 사택으로 가면서 큰 사역을 하시는 분이고 많은 돈을 사용하시는 분이니 별장 같은 집에서 살 것이라고 생각했다.

하지만 문을 열고 들어간 집에는 장판조차 없었다.

방 한구석에 스티로폼으로 만들어진 깔개가 반쯤 덮여 있었고 그 위에서 4명의 아이들이 모여 책을 읽고 있었다. 더군다나 집은 너무 추웠다. 선교사님의 집에 비하면 우리 사역장들의 집은 궁전이었다.

　우리는 겨울에도 런닝셔츠만 입고 지냈고 장판은 물론이고 모든 생활용품들을 갖추고 살았다. 가스레인지를 수리하고 나오는 내게 권사님은 "택시를 타고 가세요"라며 중국 돈 50위안을 주었다. 당시 그 돈이면 보름 동안 난방을 실컷 돌리고도 남는 돈이었다. 택시를 타고 돌아오면서 표현할 수 없는 어떤 감정이 마구 솟아났다. 택시 안에서 눈물을 펑펑 흘리면서 기도했다.

　"하나님 제가 잘못했습니다. 제가 이제 돌아가서 북한 형제들에게 사역비 훔친 것을 다 공개하겠습니다."

　나는 사역장으로 돌아가자마자 북한 형제들을 모아놓고 돈을 내놓았다.

　"제가 그동안 돈을 훔쳤습니다."

　그 순간 엄청난 감동이 나를 강타하며 눈물이 났다. 창피해서 제 방으로 도망쳐 들어갔다.

　그때 그 방에서 나는 하나님을 만났다. 엄청난 기운이 나를 감쌌고 나는 오열하다가 기절까지 했다.

　그 후 내가 변했다.

　성경에 기록된 모든 말씀들이 영화를 보는 것처럼 눈앞에 펼쳐지는 역사가 일어났다. 마음속에는 형용할 수 없는 기쁨과 평안이 차고 넘쳤다. 그토록 바라던 돈은 한 푼도 없었지만 이제는 돈이 아니라 그분이 나를 책임지고 보호하신다는 믿음이 생겼고 이 믿음으로 내 마음속에는 한없는 평안이 가득 찼다. 늘 보던 하늘과 땅도 전혀 다르게 보이기 시작했다.

'이 모든 것이 그분이 지으신 세계였구나.

이 놀라운 분이 나를 찾아왔구나!'

내 마음속에서는 신기한 기적이 일어나기 시작했다.

아이가 숨이 넘어가는 것을 보면서도 아무것도 느끼지 못했던 내 마음이 기쁨을 느끼기 시작했고 슬픔을 느끼기 시작했다. 형제가 아파하는 것을 보면 마음까지 아파서 기도했고 형제에게 좋은 일이 생기면 마음 깊은 곳에서 기쁨이 올라왔다. 흑백으로 된 세상만 보다가 갑자기 칼라로 된 세상을 보는 것 같이, 전혀 다른 세상을 느꼈다. 내가 변했다는 사실을 인정할 수밖에 없었다.

'아! 이것이 산다는 것이로구나!'

나는 느낄 수 있다는 것이 너무 행복했다.

슬퍼서 울 수 있다는 것, 기뻐서 웃을 수 있다는 것, 이것이 인간이 진정으로 사는 것이라는 것을 깨달았고 그분이 나에게 주신 새로운 생명임을 발견했다.

오랫동안 돈과 쾌락만 좇던 내 마음에 또 다른 것들이 느껴지고 보이기 시작했다. 산다는 것이 무엇인지, 사랑한다는 것이 무엇인지, 하나님과 함께 동행한다는 것이 무엇인지, 보이고 깨달아지기 시작했다.

2. 변화된 모습

나는 변했다.

이제는 길가에 주인 잃은 강아지만 보아도 마음이 아픈 것을 느꼈다.

하루는 학교에서 조용히 산책을 하면서 무심결에 금방 싹을 내미는 나뭇가지 하나를 꺾었다. 손장난을 하면서 산책을 하고 싶어서 무심결에 한 행동이었지만 이내 겨울을 이겨내고 솟아 나오는 생명을 무심결에 꺾은 내 행동을 자책했다.

그리고 한편으론 다시 놀랐다.

'내가 이렇게까지 변했구나….'

아이가 죽어가는 것도 대수롭지 않게 보고 내 갈 길만 가던 내가 길가에 아무렇게나 자라는 나뭇가지 하나에 마음이 아파오는 것은 본래 내게는 없던 마음이었다.

원래의 내가 아니었다.

내 마음속에서 늘 함께 하시는 하나님은 이렇게 느껴지고 나타난다는 것을 깨달았다. 그리고 내가 알지 못하는 사이에 또 다른 능력들이 나타났다. 기도가 즐거웠고 기도할 때면 그분이 듣는다는 것이 느껴지기 시작했고 응답해 주실 거라는 확신이 들었다. 이 확신은 나의 주관적인 감정이 아니었고 명백히 이루어짐으로 사실이 증명되었다. 작은 문제일지라도 진심으로 기도하면 그분은 들어주셨고 정말 필요한 것들은 때가 되면 다 해결해 주셨다.

3. 하나님의 인도

처음 신앙을 경험했기에 신앙의 길에는 시험도 있고 시련도 있다는 것을 알지 못했다.

하나님을 만난 후 나는 천국에서 살기 시작했다.

아무것도 두렵지 않았고 걱정도 염려도 없었다.

그러나 두 달 뒤 함께 성경을 배우던 70명의 북한 형제들과 선교사님 그리고 나까지 중국 공안에 체포되었다. 공안들에게 구타당하며 옷이 발가벗겨지고 온몸이 묶이던 그 순간 하나님은 내게 분명한 음성을 들려주셨다.

"너는 산다!"

나는 살인범들을 가두는 곳에 수감되었다.

성경을 배우고 하나님을 믿은 대가는 너무나도 참혹했다.

나 하나 죽는 것으로 끝이 아니었다.

나는 절망했다.

더욱더 나를 아프게 한 것은 나의 믿음이었다.

그분이 나를 지켜주고 보호해 주신다는 믿음과 확신에 대한 배신감이었다.

'그분은 이런 분이었는가? 우리를 이렇게 버려두시는 분인가? 나는 정말 그분을 신뢰했는데… 정말 믿었는데… 그 결과가 이것인가?'

이런 생각들이 무엇보다 나를 더 고통스럽게 했다.

북한으로 호송되던 날 중국 공안은 내 손에 수갑을 채우고 차에 실었다.

'이제 끝이구나'라고 생각했는데 공안은 국경 도시인 연길에서 나를 풀어주었다. 한국으로 추방된 선교사님이 우리들을 빼내려고 정말 많은 돈을 지불했다는 것을 금방 알게 되었다. 그때 내 마음속에 체포되던 날 들었던 "너는 산다!"라는 음성이 강하게 들려왔다.

그 음성대로 나는 살았다.

그 후 나는 선교사님의 도움으로 한국으로 오려고 했지만 다시 체포되었다.

기적적으로 전에 우리를 도와준 공안을 만나 다시 석방됐고 이번에는 몽골로 향했으나 또다시 감옥에 들어갔고….

천신만고 끝에 마침내 한국에 도착했다.

하나님을 만난 다음의 삶은 연속되는 축복의 삶이라고 기대했지만 그에 못지않은 고통과 시련의 연속이기도 했다.

4. 깨달음과 은혜

한국에 온 나는 하나님께 물었다.

"어차피 한국으로 데려올 것을 왜 이렇게 고통스럽게 하셨나요?"

하나님께서는 내게 이런 깨달음을 주셨다.

예수님은 배가 뒤집힐 것 같은 풍랑 속으로 제자들을 데리고 나가신 뒤 자신이 누리고 있는 하늘의 평안을 그저 보여주셨다. 제자들은 두려워했지만 예수님은 거친 풍랑 속에서도 잠이 드셨다.

오히려 제자들을 향해 이렇게 말씀하셨다.

"왜 무서워하느냐?"

이 일은 복음서에 두 번이나 기록되어 있다.

예수님은 제자들을 떠나시면서 "나의 평안을 너희들에게

준다"라고 말씀하셨다.

하늘의 평안은 그냥 쉽게 얻을 수 있는 것이 아니었다. 죽을 것 같은 두려움 속에서 그분을 의지할 수 있는 능력을 조금씩 체득해 나갈 때 얻어지는 것이었다.

훗날 이 평안을 얻은 제자들은 복음을 전하는 길에서 고통이 와도 죽음의 두려움이 와도 전혀 두려워하지 않았다. 세상이 알지 못하는 전혀 다른 평안이 그들의 마음속에 있었기 때문이다.

그분이 주시는 참 평안은 파도 위에서 잠들 수 있는 참된 평안이었다.

이 평안을 내게 가르쳐주시려고 주님은 계속해서 나를 감옥에 보냈고 다시 살려주셨다. 내가 생각하던 평안은 모든 일이 잘 되기만 하고 불행한 일은 아무 것도 일어나지 않는 것이었다. 주님이 나에게 주시고자 했던 평안은 어떤 상황에서도 흔들리지 않는 평안이었다.

주님이 옆에 있다면 파도 위에서라도 잠들 수 있는 그런 평안이었다.

이것은 주님만이 주실 수 있는 하늘의 참된 평안이다.

만약 내가 이 과정을 거치지 않았다면 그때 주님과의 만남에서 내가 받은 것이 얼마나 귀중한 것인지 알지 못했을 것이다. 생사를 넘나드는 고통의 과정을 통해서야 나는 하나님이 얼마나 귀한 것을 주셨는지 알게 되었다. 그것은 그 어떤 험난한 상황 속에서도 하나님은 나를 지키셨다는 것, 앞으로도 지키실 것이라는 믿음에서 나오는 평안한 마음이다. 주님은 이토록 나를 참된 사랑으로 사랑하신다는 것도 알게 되었다.

나는 북한에서 죽을 위기를 피해 탈북한 사람이다.

내가 특별해서 이런 은혜를 받은 것이 아니라 가장 비참한 사람이었기 때문에 받은 은혜라고 생각한다. 이는 이 은혜가 그 누구라도 얻을 수 있다는 증거다. 그래서 잘난 것 하나 없는 나 같은 사람도 담대히 이 말씀을 간증한다.

세상천지 누구든 다 와서 이런 은혜를 체험하기 바란다. 세상이 주는 헛된 것들이 아닌 주님이 주시는 참된 것들을 체험하고 하늘이 주는 진정한 축복의 삶으로 들어오기를 초청한다.

3장
하나님이 북한에 흘려 넣으신 기름

연광규 전도사

I. 기적을 경험하다

나는 1980년 6월 19일 함경남도 리원군에서 2남중 장남으로 태어났다.

나는 2004년 구정 무렵, 죽음을 무릅쓰고 탈북을 한 뒤 두만강 근처에 살고 있는 조선족 선교사님을 만났다.

선교사님이 북한 사람들을 섬기는 모습을 보면서 나는 너무나 큰 감동을 받았다. 그분의 삶을 보면서 '저 사람이 믿는 하나님 나도 믿고 싶다'는 마음을 갖게 되었다.

그 선교사님을 통해 중국 장춘시에 있는 G 선교회에서 1년간 단기 신학교육을 받았다. G 선교회는 파송된 선교사님이 현지 선교사님들과 함께 탈북민들을 단기간 속성으로 신앙 및 신학 교육을 시켜 북한으로 선교 파송을 하는 곳이다.

하나님을 모르는 사람이 신학을 공부하는 것은 상당히 어려웠다. 가장 힘들었던 것은 보이지 않는 하나님이 있다는 것과 그분이 천지를 창조하셨다는 것, 예수 그리스도가 하나님의 아들이며 그분이 십자가에서 죽으셨고 부활하셨다는 것이 전혀 믿어지지 않는다는 것이다.

그러다 보니 성경을 읽고 암송하는 것 자체가 어려웠고 함께 공부하고 있던 사람들과 달리 나만 믿음이 없는 것 같아 몇 배로 더 힘들었다.

그때 하나님께서 감동을 주셔서 20일간 금식 기도를 했다. 금식 기도를 하면서 북한에서 패싸움으로 머리에 생겼던 500원짜리 동전 4개 만한 흉터에서 다시 머리가 자라는 기적을 경험했다.

금식 기도를 시작한 지 10일째 되는 날부터 머리가 나오더니 끝나는 날에는 머리 흉터를 가리려고 기른 다른 부분 머리만큼 자라 있었다. 흉터에는 일반적으로 모근이 없으므로 머리가 다시 자라는 것 자체가 기적인데 한 달에 1cm

정도 자라는 머리가 6~7cm 이상 자란 것이었다.

이것은 하나님이 아니고는 이룰 수 없는 기적이었다.

금식 기도 후에 나는 하나님이 살아계신다는 것을 확신하고 공부와 신앙 훈련에 더욱 열심을 냈고 기다렸다는 듯이 하나님은 은혜를 부어주셨다.

금식을 하며 새벽 기도를 드리던 중 하나님은 모세가 이스라엘 민족을 이끌고 출애굽 하는 장면을 환상으로 보여주시면서 내게 "이제 내가 너를 바로에게 보내어 너에게 내 백성 이스라엘 자손을 애굽에서 인도하여 내게 하리라"(출애굽기 3:10) 말씀을 들려주셨다. 그 순간 성령 체험을 하면서 방언을 받았고 통일선교사로 부르심을 받았다. 그때부터 내게는 하나님께서 모세에게 주신 사명이 생겼다.

G 선교회에서 1년간 신앙 및 신학교육을 받은 후 2005년 2월, 북한 선교사로 정식 파송이 됐다. 성경책 26권과 일대일 제자 양육 지침서를 비롯한 성경 관련, 전도 관련 소책자들 및 성경 관련 CD와 반도체 라디오, 40x20cm의 나무 십자가 1개 등을 가지고 북한으로 넘어갔다. 돌아보면 내 생각과 의지로는 도저히 실행할 수 없는 결정이었다. 모두 성령님의 강권하심의 은혜였다는 것을 훗날 깨달았다. 그러나 계속된 사역 중에 결국 북한 보위부에 체포되어 교화소에서 수감생활을 시작했다.

수감생활을 하면서도 하나님이 공급해 주심을 경험하며 참 평안을 느꼈다.

내가 어디에 있느냐가 중요한 것이 아니라 「내가 하나님과 함께 있다면 그곳이 정치범 수용소라 할지라도 천국이라」는 것을 직접 체험했다.

감옥에서 통나무에 깔려 1번 요추가 압좌 골절되었는데 약 한 알, 주사 한 대 맞지 못했지만 기도 응답으로 치료되는 기적도 경험했다. 탈골된 요추 뼈가 제자리에 들어가고 허리는 이전보다 더 튼튼해졌다. 이와 같은 무수한 은혜를 경험하며 4년 동안 하나님의 보호하심과 하나님의 동행하심을 느꼈다.

2. 노력하면 된다

탈북 후 하나원에서 사회 정착 교육을 받을 당시 나를 북한으로 파송하셨던 선교사님은 나의 특이한 신앙 경력 때문에 신학교나 교회들에서 관심을 가질 수 있다고 걱정하셨다.

"오히려 지금 신학교에 가면 신앙을 잃어버릴 수 있다"라고 말씀하시면서 "한국 사회를 경험하고 한국 교회를 경험한 후에 신학을 해도 늦지 않다"라고 조언하셨다.

목사님의 말씀에 순종하여 하나원을 수료한 뒤 한국 폴리텍대학에 입학해서 용접 기술을 배웠고 집 근처에 있는 교회에서 1년간 중고등부 교육 전도사로 사역을 했다.

대학을 졸업한 후 울진과 청주에서 일을 하다가 2016년 여름 북한구원금식성회에서 간증을 했다.

그날 간증을 하면서 하나님이 그동안 내게 행하셨던 놀라운 일들과 나의 현 상황을 돌아보게 되었다.

그날 내 간증 다음으로 말씀을 전해주신 김용의 선교사님이 선포하시는 "예수 그리스도의 보혈의 피 값으로 구원을 받았으면 그 피 값을 하면서 살아라'는 설교는 내 심장에 비수처럼 꽂혔다.

지금까지 돈 버는 데만 정신이 팔렸던 나를 회개하게 하셨고, 결단하게 하셔서 내 모든 통장의 잔고를 0원으로 만드셨다.

나는 적금까지 다 해약을 해서 6개월간 '제주 열방대학 DTS 훈련'을 받으며 하나님이 나를 얼마나 사랑하시는지 상고하며 내가 알지 못하던 새로운 하나님을 인격적으로 다시 경험하는 시간들을 가졌다.

숭실 사이버대학 중국 언어문화학과 3학년 2학기 중이던 나는 자퇴를 하고 예수전도단 CDTS 과정을 수료했다. 이후 하나님의 인도를 따라 신학교에 들어가 장신대를 졸업했다.

신학교에서 하나님이 주시는 사역에 대한 마음을 기도하며 구하던 중 기존의 탈북민 목회자들과 신학생들이 하는 특수 사역, 통일 사역이 아닌 일반 사역에 대한 마음을 하나님께서 부어주셨다.

한국의 탈북 사역 및 통일 사역은 '한국 교회에 뿌리내리지 못하고 물 위에 뜬 기름방울'이라는 마음을 주시면서 '네가 가 있는 곳에서 네가 죽어 녹아 없어지지만 그 많은 물을 너의 색깔로 변화시키는 색소가 돼라'고 하셨다.

탈북민이라는 정체성을 가지고 탈북민이 한 명도 없는, 통일에 대한 마음이 없는 곳에서의 사역이라니…. 두려웠다. 하지만 나는 한 알의 밀알이 되겠다는 마음으로 순종하며 서울 구로구 개봉동에 위치한 Y 교회에서 중고등부 교육 전도사, 청년부 교육 전도사로 하나님의 말씀을 따라 사역을 시작했다.

탈북민인 내가 일반 교회의 청소년들을 맡아 사역을 한다는 것은 하나님의 은혜가 아니면 설명할 수 없는 상황이었다. 문화적 차이와 탈북민들에 대한 사회적 편견을 넘어 교회 학교의 특수성까지 고려하면 정말로 하나님이 하신 일이었다.

교회에서 사역을 마무리하고 잠시 하나님과 깊은 관계를

갖고 싶어 경건의 시간을 보내다가 다시 D 교회에서 소년부 교육 전도사로 열심히 사역을 했다.

몇 년 전 추석에 탈북민들과 함께 추석 명절을 보내다가 기도하는 중에 하나님께서 이사야 40장 1절 말씀을 들려주시는 체험을 했습니다.

"너희 하나님이 가라사대 너희는 위로하라 내 백성을 위로하라"

통일의 다음 세대이며 또한 주역인 남북 청년들에 대한 마음을 주시고 'V- U-'이라는 통일 음악문화 선교 단체를 만들게 하셨다.

2019년 1월에 비영리선교단체로 등록을 하고 동역자들과 함께 통일 사역을 진행하고 있다.

가정에서 한 여자의 남편으로, 세 아이의 아빠로, 학교에서는 학생으로, 교회에서는 소년부 전도사로 사역하며 'V-U-'이라는 통일 음악문화 선교단체 대표로까지 하나님은 나를 사용하신다.

남과 북이 분단된 지 70여 년이라는 세월이 흘러 이제는 언어도 문화도 다르고 체제도 달라 동질성을 찾아보기 어려운 현실에서 '어떻게 하면 남과 북이 민족 복음화를 이룰 수 있을까'를 고민하며 기도하는 가운데 하나님은 민족성과 민족 문화라는 선교의 도구를 허락하셨다.

우리 만족이 반만년 동안 함께 해온 문화와 우리 민족의 고유한 흥을 살려 통일 노래들과 찬양들을 만들어 통일에 대해 점점 관심이 없어지는 청년들을 깨워 이들이 통일의 불씨가 되어 통일의 통일의 주체가 되는 부모 세대와 그 다음 세대와의 사이에서 연결자로 서야 한다는 사명감을 가지고 이 사역에 임하고 있다.

대한민국에 입국한 많은 탈북민들이 온전히 정착해 대한민국의 국민으로 살아가고 있지만, 북한을 탈출할 때의 초심을 잃고 교회나 정부, 사회의 도움을 통해 무위도식하려는 사람들도 종종 있다.

'정말로 어려운 취약계층은 당연히 돌보고 보호해야 하지만 아직 야성이 살아있는 탈북민들을 한국 교회와 정부가 동물원의 호랑이로 만드는 과잉보호를 하고 있지는 않은가?'라는 생각이 들 때가 있다.

키워주고 파송하기보다는 섬겨주기만 하여 이제는 탈북민들이 섬김을 받는 데만 익숙해져 그것이 전부인 듯 살아가고 있는 안타까운 상황이 되는 것 같을 때가 있다.

탈북민들은 정부와 교회의 도움만을 바라보지 말고 현재 자신들보다 더 어려운 상황에 있는 취약계층을 향하여 섬김의 자리로 나아가고자 하는 비전을 품어야 한다.

탈북민들도 섬김을 받던 자에서 섬기는 자로 나아갈 때

가 됐다. 이런 일을 이루어내는 사람이 비록 소수라 하더라도 그런 사람들을 통해 한국사회의 당당한 주류로 발돋움해 나갈 수 있는 길을 개척해야 한다.

탈북민들에 대한 사회적 인식을 스스로 바꾸어 사회적 약자의 대열에서 스스로 뛰쳐나와 이제는 돕고 섬기며 살아가는 당당한 한국 사회의 일원으로 살아가야 한다.

탈북민들은 그럴 수 있는 충분한 자질과 역량을 가지고 있다. 스스로 사회의 비주류에서 주류로 탈바꿈을 하려고 시도하고 노력해야 한다.

하나님은 나에게 이 변화를 주도하는 일을 감당하라는 마음을 주셨기에 이제 이 사명을 위한 일들을 진행하려고 한다.

그동안 내 삶에서 이루신 모든 것은 하나님이 하신 일이며 하나님이 인도하신 은혜였다. 하나님이 나에게 행하신 일들을 모두 이야기 하자면 너무나 많아 글로는 다 이야기할 수가 없다. 다만 모든 영광을 하나님께 올려드린다.

나는 하나님이 앞으로 하실 놀라운 일들이 너무 기대된다. 앞으로 말씀의 종으로 잘 훈련되어져 하나님이 사용하실 만한 그릇이 되기를 소망할 뿐이다.

4장

하나님 안에서의 자유

이애란 박사

I. 그저 꿈이기를 바랐던 어린 시절

모든 것이 주님의 은혜이다.

진정한 성공은 하나님 안에서만 이룰 수 있는 것이다.

"할렐루야, 주님을 찬양합니다."

갈라디아서 5장 1절은 이렇게 증거한다.

"그리스도께서 우리로 자유케 하려고 자유를 주셨으니 그러므로
굳세게 서서 다시는 종의 멍에를 메지 말라"

나는 북에서 평양 출신으로 33년을 생활했고 남에서 23
년을 생활했다.

이 과정에 내가 깨달은 남과 북의 가장 근본적이며 중요한 차이는 바로 자유의 유무다.

나는 "우리에게 진정한 자유를 가져다주시는 분은 바로 하나님 아버지"라고 고백한다.

고통의 땅을 탈출한 탈북민들은 누구나 한국에서 와서 해방감을 만끽한다. 그러나 육체적인 자유함이 진정한 자유가 아님을 깨닫게 되는 데는 그리 많은 시간이 걸리지 않는다.

나는 한국 생활 23년 동안 '하나님 안에서의 자유'를 깨달았다. 철창 없는 감옥을 뛰쳐나와 너무도 자유로운 곳으로 이주한 탈북민들에게 육체적인 자유가 때로는 새로운 멍에가 되기도 한다. 23년간의 한국 생활과 신앙 생활을 통해 누구보다도 북한 주민들에게는 하나님이 필요하며 주님을 만나 동행하는 삶을 살아야만 진정한 자유인이 될 수 있다고 생각한다.

2. 만약 크리스천이 되지 않았다면?

나는 가슴에 쥐약을 품고 압록강을 건넜다.

그리고 주님의 은혜로 목숨을 건져 대한민국의 국민이 되었고 교회에 다니며 복음을 듣고 예수 그리스도를 구세주로 믿어 하나님의 자녀가 되었다.

처음에 교회에 갔을 때 사람들은 내게 "원하는 것이 있으면 하나님께 기도하세요"라고 했다. "하나님께서 뭐든지 해결해주신다"라고 하면서 필요한 것을 위해 기도하라고 했다.

믿음이 약한 나는 '원하는 것이 있으면 열심히 일해서 돈을 벌어 해결해야지 기도한다고 해결될 수 있을까?'라는 생각으로 하나님께 필요한 것을 달라고 매달리지 않았다. 다만 우리 가족 9명 모두를 무사히 한국으로 보내주신 하나님이 고마워서 교회는 무작정 열심히 나갔다.

우리 가족은 기적 같은 탈북 스토리와 북한의 실상을 간증하기 위해 많은 교회의 초청을 받았다.

그러던 어느 날 문득 '내가 그분을 모를 때도 그분은 나를 지켜 주셨고 내가 그분을 알게 된 것이 이 세상에서 가장 값진 일이며 우리의 모든 삶 자체가 하나님의 은혜의 시간이었다'는 것을 깨달았다.

내가 정착할 즈음, 대한민국은 IMF의 경제 위기였기에 탈북민에게는 더욱 어려운 시간이었다. 당시에는 38세에 명예퇴직을 한다고 해서 '38선', 45세에 정년퇴직을 한다고 해서 '45정', 56세까지 회사에 남아 있으면 도둑과 같다는 의미에서 '56도'라는 말이 유행하던 시절이었다.

이렇게 어려운 경제 위기 때 한국 땅에 정착한 탈북민들은 그저 막막할 뿐이었다. 30대 중반에 젖먹이 아이까지 딸린 탈북민이 일자리를 찾는 것은 쉬운 일이 아니었다. 낯선 땅에서 정착하지 못하고 여기저기서 거절만 당해 울기도 많이 울었다.

이런 내게 하나님은 때로는 음성으로, 때로는 환상으로 응답해 주시며 길을 찾아 헤매는 나를 지켜주셨고 인도해 주셨다.

내가 생각조차 못했던 길로 인도하기도 하셨다.

이화여대에서 전액 장학금으로 공부할 수 있도록 허락해 주셨고 훌륭한 신앙인 지도 교수님을 만나 사명을 갖게 하셨다.

하나님께서 내게 주신 사명은 북한 주민들을 하루빨리 자유를 누릴 수 있게 해방시키는 일이라고 생각한다. 하나님은 나에게 사명을 주신 후에 이런저런 방법으로 깨닫게 하셨고, 일하게 하심으로 개인적인 성취가 인간에게 얼마나 소중한 것인지 알게 하셨다. 개인의 자유를 누릴 수 있게 보장해 주는 민주주의가 얼마나 중요한 것인지 깊이 깨닫게 하셨다.

나는 지금도 가끔 생각한다.

'만일 내가 한국에 와서 대한민국 국민이 되었지만 크리

스천이 되지 않아 하나님을 만나지 않았더라면 어땠을까?'

그랬다면 나의 삶은 지금과 많이 달랐을 것이다. 북한에서는 타인에게 의지해 사는 것이 습관화되었던 나는 모든 것을 자율적으로 생각하고 스스로 해결해야 하는 대한민국의 자유민주주의 체제가 어렵기도 했다. 물론 너무 편하고 좋았지만 매일, 매 순간 선택해야 하고 그 선택에 대한 책임을 져야 하는 일들이 처음에는 참으로 어려웠다.

국가의 강요가 아닌 자발적으로 이뤄지는 인간관계는 문화를 비롯해 모든 것이 생소한 내게 선입견에 의한 오해를 불러일으키기도 했다. 때로는 여러 가지 실수나 오해에 의한 마찰도 있었고, 너무 힘들어서 하던 일을 포기하고 싶을 때도 있었다. 자유롭고 다양한 인간관계를 스스로 형성해야 하는 남한 생활은 많은 인내심이 필요했다.

3. "땅 끝까지 이르러 내 증인이 되라"

돌이켜 보면 하나님은 내게 기도를 통해 참을 수 없는 것을 참게 해주셨고 견딜 수 없는 것을 견디게 해주셨으며, 사랑할 수 없는 것을 사랑하게 해주셨다. 그리고 헌신할 수 있도록 마음을 잡아주셨고 그 마음을 인도해 주셨다.

만일 내가 하나님을 만나지 못했더라면, 참으로 어려운

석·박사 과정을 통과하지 못했을 수도 있다. 그리고 북한 주민들에 대한 책임감도 가지지 못했을 것이며 부족하지만 감당했던 모든 일들을 감당하지 못했을 것이다.

하나님께서 원하시는 일을 부족함에도 불구하고 감당했을 때 그분께서는 상상할 수 없는 영광과 성취를 허락해 주셨다. 북한에서는 출신 성분이 나빠 대학교 추천조차 받지 못했던 나에게 이화여대에서 석·박사 학위를 받을 수 있도록 허락해 주셨다. 또한 전 세계에서 1년에 10명 미만이 수상하는 미(美) 국무부가 주는 '용기 있는 국제 여성상'을 수상하도록 허락하셨다.

현재는 인터넷신문을 운영할 수 있도록 허락해 주셨고 사단법인을 통해 통일 운동에 앞장설 수 있도록 허락해 주셨으며, 북한 전통 음식점과 약과를 통해 남북한의 문화적 차이를 줄이고 북한 주민들에게 자유를 선물할 수 있는 기초를 쌓는 일을 할 수 있도록 인도해 주셨다.

만일 내가 한국에 와서 하나님을 만나지 못했다면 그리고 하나님의 도움이 없었다면 이 모든 것이 불가능했을 것이라고 생각한다.

나는 한국생활 23년을 통해 북한 주민들도 하루 빨리 자유민주주의체제에서 살게 해야 한다고 생각한다. 또한 북한 주민들이 진정한 자유인이 되기 위해서는 하나님을 만나야 한다고 확신한다. 대한민국을 일으켜 세운 하나님의 복음이 북한 주민들에게도 자유와 번영을 선물할 것이기 때문이다.

북한 땅에서 북한 주민 모두가 하나님 안에서 진정한 자기 운명의 주인이 되어 참 자유를 누릴 수 있기를 바란다. 이를 위해서 우리는 쉬지 말고 기도해야 하며, 북한 주민들이 복음을 받아들일 수 있도록 준비해야 한다. 성경을 입으로 읽는 것이 아니라 몸으로 쓰는 삶을 살기 위해 노력해야 한다.

북한에 복음을 전하기 위한 사명을 깨달은 전도자들을 많이 육성하고 각자가 체험한 하나님의 세계를 공유해서 북한 주민들이 복음을 쉽게 이해하고 받아들일 수 있도록 매뉴얼을 만드는 일이 필요하며 매뉴얼에 기초한 선교사들을 준비시키는 것도 시급하다. 특히 복음을 접한 탈북민 출신 선교사의 양성이 가장 중요하다고 생각한다.

"땅 끝까지 이르러 내 증인이 되리라"(사도행전 1:8)라고 하신 예수님의 말씀을 따라 복음을 전하기엔 땅 끝이나 다름없는 북한이라 할지라도 주님이 부르시면 언제든지 달려갈 것을 하나님 앞에 다시 한번 서원한다. 아멘!

5장

하나님의 인도하심

정봉철 전도사

I. 하나님을 미워했던 아이

나는 하나님을 싫어했다.

하나님을 저주하고 증오했다. 예수를 믿는 사람들도 미워했다. 길거리에서 누가 다가와서 전도하려고 하면 그 사람과 맞붙어서 싸웠다. 교회에 걸린 십자가를 바라보기만 해도 속에서 화가 치밀어 올랐다. 나에게 하나님은 불평등하고 비상식적이고 비합리적이며 사랑과 정의라고는 눈곱만큼도 없는 무기력하고 무능력한 존재였다.

나는 8살이던 1998년에 어머니와 함께 탈북했다.

처음 한국에 왔을 때 모든 것들이 풍족한 것을 보고는 깜짝 놀랐다. 길가의 나무에 과일들이 주렁주렁 달려 있는데 아무도 훔쳐가는 사람이 없다는 것이 충격이었다. 또한 하천에 팔뚝만한 물고기들이 떼를 지어서 돌아다니는데 물에 뛰어들어서 잡는 사람들이 없다는 것도 신기했다. 슈퍼마켓 앞에 먹을 것들을 잔뜩 쌓아 놓았는데 아무도 탐내거나 훔쳐가지 않는 모습들을 보면서 '하나님은 남한에만 계시고 남한 사람들만 사랑하신다'고 생각했다.

나는 한국에 도착한 후 탈북민이라는 꼬리표를 떼기 위해 피나는 노력을 했다. 최대한 남한 사람들처럼 옷을 입고, 남한 사람들이 먹는 음식을 먹고, 남한 사람들의 말투를 따라했다. 남한 사람들이 보는 TV 프로그램들을 챙겨보면서 생각까지 똑같이 하려고 노력했지만 겉모습은 바꿀수 있어도 내면의 정체성은 애를 쓴다고 바뀌는 것이 아니라는 사실을 깨달았다. 하지만 이 사실을 수용하기가 싫었다. 내가 탈북민이라는 것 자체가 너무 싫었다. 그만큼 나를 탈북민으로 만든 하나님을 미워했다.

그때부터 하나님이 싫어하는 짓들만 골라서 했다.
학교에서는 나보다 약한 아이들에게서 돈을 빼앗았다. 그 돈으로 오토바이를 사고 술을 사 마시고, 담배도 피우고, 밤새 도박을 했다. 돈이 다 떨어지면 또다시 학교에 가서 돈을 마련하는 생활을 반복하다가 결국 고등학교 2학년 때 퇴학을 당했다.

당연한 결과였다. 내면의 고통을 육체적인 아픔으로 잊어보려고 자해도 했다. 이렇게 하면 탈북민이라는 정체성을 잊고 북한과 중국에서 당했던 끔찍한 기억들이 사라질 줄 알았다. 한편으로는 이것 역시 자유라고 정당화하면서 스스로를 위로했다. 이런 삶을 살아감에도 내 안에 계신 하나님이 더욱 선명하게 느껴진다는 것이 정말 신기했다.

2. 기적적으로 만난 아버지

사실 내가 하나님을 미워하고 싫어했던 근본적인 이유는 '하나님이 우리 아버지를 죽인 범인'이라고 생각했기 때문이다.

내 아버지는 하나님을 믿고 사역을 하시다 돌아가셨다. 때문에 나는 하나님 때문에 아버지가 죽게 되었다고 생각했다. 아니, 하나님이 우리 아버지를 죽였다고 믿었다.

내가 7살이 되던 해, 아버지는 식량을 구하려고 탈북을 하셨다. 그로부터 1년 후에 어머니와 나도 아버지를 찾아서 중국으로 탈북을 했다. 중국에서 정처 없이 1년 정도 떠돌이 생활을 하다가 공안들에게 체포되어 강제 북송을 당했고 1년 동안 청소년 감옥에서 생활했다. 2000년 영양실조와 온갖 질병이 다 걸린 상태에서 다시 어머니와 함께 재탈북을 했다.

중국에서 치료를 받으려고 병원으로 가던 길이었다.

세발 오토바이 택시 한 대가 지나가다가 급하게 멈추는 소리가 들렸다. 뒤를 돌아보니 어떤 남성이 택시에서 뛰어내리는 모습이 보였다. 비포장 도로의 먼지가 걷히면서 나를 향해 뛰어오는 남자의 얼굴이 보였다.

바로 아버지였다.

중국이라는 거대한 땅에서 어떤 약속도 없이 길 한 가운데서 잃어버렸던 아버지를 만나는 것은 기적이었다.

3. 공안에 체포되신 아버지

나는 당시 심각한 영양실조와 '옴'이라는 피부병에 걸려서 고생하고 있었다. 그런데 하나님을 믿는 사람들은 달랐다. 나를 더럽게 여기거나 혐오스럽게 보지 않았다. 오히려 사랑과 긍휼의 눈빛으로 바라보는 것이 느껴졌다.

어느 날은 선교사님의 어머니인 권사님께서 피고름이 나는 나의 몸에 맨손으로 연고를 발라주셨다. 그곳에서 처음 하나님의 사랑을 경험했고 예수님을 영접했다.

약 1년간 생활을 하면서 성경을 읽고 쓰면서 한글도 배우고 하나님에 대해서도 알게 되었다. 그때 나의 꿈은 아버지처럼 북한 동포들에게 하나님의 사랑과 말씀을 전하는 사람이 되는 것이었다.

그러던 어느 날 아버지가 중국 공안에 붙잡혔다는 소식을 들었다. 아버지가 북송되는 과정에서는 그 어떤 기적도 일어나지 않았다.

성경에서 보았던 그 엄청난 기적들은 현실에선 없었다.

아버지는 하나님을 믿었을 뿐만 아니라, 하나님의 종이 되어서 복음을 전했다. 그 종이 지금 죽음의 위험에 빠졌는데 하나님은 두 손을 놓고 계셨다. 능력이 없는 건지 무책임한 건지 그림자도 보이지 않았다. 그분을 의지하고 믿었던 것만큼 상처와 배신과 아픔도 컸다. 더 이상 그분을 기억하고 싶지도, 찾고 싶지도 않았다.

4. 꿈속에서 만난 아버지 그리고 하나님

나는 그 뒤로 하나님을 거역했다.
교회에도 나가지 않았다.
예수를 믿는 사람들과는 상대도 하지 않았다.
하나님에 대한 눈과 귀와 마음을 꽁꽁 닫아버렸다.

이 세상에서 정말 나를 지켜주고 살려줄 수 있는 것은 돈밖에 없다고 생각했다. 그때부터 어떻게 하면 돈을 많이 벌어서 성공할지 만을 고민했다.

그런데 2015년 봄, 하나님께서 내 꿈속에 나타나셨다.

하나님은 나를 천국으로 데려가서 아버지를 직접 만나게 해주셨다.

그동안 하나님께서 여러 상황이나 사람이나 마음의 음성으로 계속 말씀하셨는데 내가 너무 완강하게 거역하니까 마지막 수단으로 그런 체험을 시켜주신 것 같았다.

하나님은 그 꿈을 통해서 두 가지 사실을 확인시켜 주셨다. 하나님이 살아 계시다는 것과 우리 아버지는 순교자라는 사실이었다.

나는 하나님께서 아버지를 버린 것이 아니라 데려가신 것임을 깨달았다. 그 길이 가장 복되고 영광스러운 길이기 때문에 하나님께서 허락하셨던 것이다. 이 사실을 깨닫고 나서 하나님에 대한 오해와 미움이 조금은 사라졌다.

이후에 하나님은 이 나라와 민족을 복음화하는 일에 부족한 나를 주님의 종으로 불러주셨다.

나는 싫다고, 그 길 죽어도 안 간다고, 나는 아버지처럼 될 자신이 없다고 1년 동안 엎치락뒤치락 하나님과 씨름을 했다. 처자식도 있고 가정을 책임져야 하는 가장이 경제적인 활동을 그만두고 공부를 한다는 것은 이성적으로 생각할 수 없는 일이었다. 그러나 시간이 지날수록 하나님 말씀에 이끌렸고, 마음은 이미 신학교 강의실에 앉아 있었다.

그때 서안에서 우리 아버지와 함께 공안들에게 체포당했던 탈북민 목사님을 만났다. 절묘한 타이밍에 하나님께서 그 목사님을 내게 보내주셨다. 그 목사님의 안내로 2017년 3월 신학대학에 편입했고 그 과정에서 아내까지 회심하고 하나님의 은혜를 체험했다. 아내는 지금 나와 함께 복음적 가치관으로 남북한의 통일을 준비하는 소명을 안고 같은 학교에서 동역을 준비하고 있다. 뒤돌아보면 모든 것이 하나님의 철저한 계획하심과 인도하심이었음을 고백하지 않을 수 없다.

내가 처음으로 신학을 시작할 때 하나님께 질문한 것이 있다.

"하나님, 왜 저를 북한에서 태어나게 하셨습니까? 어차피 하나님의 계획은 저를 남한에서 목사를 만드는 거 아니었습니까? 그러면 처음부터 남한에 태어나게 하시면 되지 않습니까? 그리고 모든 일을 순탄하게 만들어주셔서 「너 이제부터 내 목사 해라」딱 한 마디 해주시면 저도 좋고 하나님도 체면이 살지 않겠습니까? 왜 이렇게 구질구질하게 북한에서 태어나게 하셨습니까? 왜 이렇게 좁고 협착한 산

비탈길로 저를 인도하셨습니까?"

기도하는 가운데 하나님께서 이스라엘의 역사를 통해서 깨달음을 주셨다.

이스라엘은 예나 지금이나 정말 작고 연약한 나라다.

이 나라를 하나님이 만드셨다. 하나님께서 이 나라를 만드시는데 700년이라는 시간을 계획하시고 준비하셨다. 그리고 이 나라를 애굽과 앗수르와 바벨론이라는 강대국들 가운데 두셨다. 마치 토끼 새끼를 승냥이 떼 속으로 던져넣으신 것이나 마찬가지였다. 그리고 이렇게 말씀하셨다.

"너희가 살고 싶으냐? 그러면 강대국 의지하지 마! 우상 섬기지 마! 너희는 나만 의지하고 나만 섬겨!"

정말 이스라엘이 살 수 있는 유일한 방법은 하나님을 믿고 의지하는 방법밖엔 없었다.

하나님은 처음부터 이스라엘을 강대국으로 만드실 계획이 아니었다고 생각한다.

하나님의 뜻은 '이스라엘 백성들과의 관계'에 있었다. 그래서 출애굽을 시켜놓고 곧바로 가나안으로 땅으로 인도하지 않으셨다. 시내산이 있는 광야로 인도하셨다.

만약 하나님이 처음부터 이스라엘에게 나라 하나를 만들어주시는 것이 목적이었다면 광야의 시간들은 불필요했을 것이다. 하지만 광야의 시간을 통해서 하나님은 이스라엘의 하나님이 되고 이스라엘은 하나님의 백성이 될 수 있었다. 하나님은 이것을 원하셨다. 이스라엘을 통해서 온 열방에 하나님의 나라를 세우기 위한 계획이 있으셨다. 실제로 하나님은 이스라엘을 통해서 엄청난 역사를 이루셨다. 그리고 그들을 통해서 오늘 우리가 이렇게 복음을 영접할 수 있게 되었다.

5. 하나님이 원하는 나라

나 역시 하나님께 무조건 빨리 통일을 시켜달라고 떼를 썼다. 속히 남북한이 하나가 되어서 관광도 마음껏 다니고 일자리도 늘어나서 지금보다 더 살기 좋은 나라가 되기를 원했다. 그런데 성경 말씀을 계속 공부하면서 남북한이 통일되어서 지금보다 더 잘 먹고 잘 사는 것만이 하나님의 뜻이 아니라는 것을 깨달았다.

하나님 없이 잘 먹고 잘 사는 나라들은 역사적으로 늘 존재해 왔고 지금도 이미 충분한 상태였다. 이 나라와 민족을 향한 진정한 하나님의 뜻은 통일이 돼서 경제력이 상승하고 기술 문명이 발전해서 살기 좋은 나라가 되는 것에만 있는 것이 아니었다.

하나님은 이 나라와 민족이 하나님의 나라가 되기를 원하고 기뻐하신다는 사실을 깨달았다. 세상의 원리와 사람의 법으로 작동되는 사람의 나라가 아니라 하나님의 말씀으로 다스려지고 통치되는 나라, 예수 그리스도의 복음이 빛과 진리가 되어서 다스려지는 그런 나라가 되는 것이 바로 하나님의 뜻이라는 마음을 주셨다.

하나님께서 내게 주신 비전은 단순히 설교 잘 하는 목회자가 되는 것이 아니라 살아계신 하나님의 말씀인 성경을 창세기부터 계시록까지 가르칠 수 있는 성경 강사가 되는 것이다.

하나님께서는 이미 20여 년 전에 이러한 마음을 품고 중국에서부터 복음 통일을 기도하며 말씀으로 준비하며 아버지의 동료였던 현재 H 교회 담임 목사님이신 김 목사님을 내게 보내주셨다.

현재 나는 그분의 지도를 받으며 성경을 연구하고 뜻을 같이하는 탈북민 신학생들과 함께 말씀으로 복음 통일을 준비하고 있다. 구체적으로 설명하면 남북한 주민들 모두 성경을 쉽게 이해할 수 있도록 그들의 가치관과 경험 등 눈높이에 맞춘 이야기식 성경 공부 교재를 제작중이다. 이는 남북한을 모두 경험해 양쪽 나라의 문화를 이해하고 공감하는 탈북민 사역자들만이 할 수 있는 일이다.

나의 앞으로의 계획은 지금으로부터 약 10년 동안은 남한의 여러 교회의 사역 현장을 경험하고 목회 훈련을 할 것이다. 그리고 40대 정도 되었을 때 교회를 개척할 것이다.

하나님은 남북한 사람들이 말씀으로 하나되게 하는 공동체를 꿈꾸게 하셨다. 나는 이 시대의 탈북민들은 하나님께서 미래에 다가올 통일을 대비하고 준비하기 위해서 미리 보내주신 통일의 마중물이라고 생각한다. 우리는 남북한 사람들이 교회 안에서 하나가 될 수 있는 여러 사례들을 발굴해 낼 것이다.

언젠가 통일이 되었을 때 정치, 경제, 사회 문화 등 다양한 분야에서 걷잡을 수 없는 사회적 갈등과 혼란이 일어날 때 교회가 앞장서서 하나님의 법과 질서로 해결책을 제시할 수 있도록 미래를 준비해나갈 것이다. 그래서 북한 주민들도 마음껏 하나님을 찬양하고 예배를 드릴 수 있는 하나님의 나라를 이루도록 할 것이다.

나를 택하신 하나님

죠셉한 박사

1. 태초부터 계획하신 하나님의 은혜

"너희가 나를 택한 것이 아니요 내가 너희를 택하여 세웠나니 이
는 너희로 가서 과실을 맺게 하고 또 너희 과실이 항상 있게 하여
내 이름으로 아버지께 무엇을 구하든지 다 받게 하려 함이니라"

(요한복음 15:16)

나는 함경북도 청진에서 태어났다.

1999년 2월, 북한을 탈출해 중국에서 숨어 살다가 2003
년 1월 대한민국에 입국했다.

한국에서 대학 졸업 후 석사까지 마치고 유학을 준비해 2009년 가을부터 미국 텍사스주 T 대학교에서 핵물리학을 공부해 2016년에 박사 학위를 받았다. 졸업 후에 대학에서 겸임 교수로 학생들을 가르치고, 모교인 대학교에서 객원 연구원으로 핵물리학과 레이저물리학의 접점이 될 수 있는 플라즈마에 기초한 극초단 X선 레이저 펄스의 증폭에 대해서 연구하고 있다. 현재는 핵레이저라고 볼 수 있는 그레이저(GRASER: Gamma-ray Laser) 개발을 연구중이다.

내가 하나님을 알기 전부터 하나님은 나를 사랑하셨다. 마치 태초부터 계획하신 듯 나를 이끌어 북한 땅에서 나를 인도하셨다. 중국에서 예수님을 믿을 기회를 주셨고 신앙의 자유가 있는 한국으로 보낸 후 내가 생각하지도 못한 미국으로까지 보내서 공부를 시키셨다고 나는 믿는다.

그렇다면 왜 하필 북한을 내 고향으로 허락하셨을까?

예수님께서 사도행전 1장 8절에서 말씀하신 "오직 성령이 너희에게 임하시면 너희가 권능을 받고 예루살렘과 온 유대와 땅 끝까지 이르러 내 증인이 되리라"고 하신 그 '땅 끝'이 어쩌면 북한일지도 모른다.

내가 교회를 다니는 걸 보면 한국에서도 미국에서도 "북한에서부터 기독교를 믿었나요?"라고 묻는 사람들이 많다. 나는 이 모든 것이 하나님의 섭리라고 생각한다.

2. 하나님에 대한 첫 번째 궁금증

나는 북한에서 한국의 초등학교인 인민학교 4년, 중고등학교가 합쳐진 개념의 고등중학교 6년을 다니고 대학교 2학년 때 자퇴했다. 탈북하기 전까지 20여 년을 고등학교 교사로 일하며 나름 지식인이었지만 그동안 한 번도 북한에 교회가 있다는 말을 들어보지 못했다. 기독교에 대해서조차 들어보지 못했고 심지어 산타클로스나 크리스마스라는 말조차 들어보지 못했다.

이런 상황 속에서 하나님과 예수님을 알 수는 없었지만 '세상에는 어떤 절대적인 존재가 있지 않을까?'에 대해서는 과학도로서 항상 의문을 품고 살았다.

나는 '나중에 크면 물리학자가 되어 핵무기와 미사일을 개발해 조국을 지켜야겠다'는 마음으로 열심히 공부했다.

그 결과 북한의 과학영재학교 중 하나인 C 고등중학교에 입학할 수 있었다. 남한에서는 공부를 잘하면 의대나 법대에 진학하지만, 북한에서는 핵무기나 미사일을 만드는 이공계에 진학하는 경우가 많다.

고등중학교 재학 시절 여러 가지 자연현상들을 연구하며 많은 호기심이 생겼다.

만유인력 법칙을 보면 지구와 태양이 끌어당기는 힘을

구심력으로 지구가 태양 주위를 도는데, 지구의 돌아가는 속도 때문에 태양과 지구 사이의 거리가 유지된다. 그 속도가 어떤 요인에 의해 약간이라도 줄어들면 지구는 타래 곡선을 그리며 태양에 떨어지는 끔찍한 일이 일어날 것인데 그런 일은 일어나지 않는다.

"지구가 태양 주위를 돌면서 떨어지지도, 멀어지지도 않을 완전한 속도를 누가 주었고 그 속도를 누가 유지하고 있을까?"라는 생각이 하나님에 대한 나의 첫 번째 의문이었다.

과학을 공부하고 북한의 이념에 물든 학생이었음에도 자연 현상들을 고찰하다보면 결국 "어떤 절대적인 존재가 그 힘을 주었을 것이다"라는 결론에 도달할 수 밖에 없었다.

훗날 예수님을 믿고 알고 나서야 내가 생각했던 그 '절대적인 존재'가 하나님이라는 것을 알았다.

고등중학교를 졸업하고 17살 되던 해, 북한의 KAIST라고 불리는 과학원 리과대학에 입학해 학업을 이어갔다. 북한식으로 말하면 '조선 과학의 최고 전당'이라고 불리는 곳이다.

3. 대학 자퇴 그리고 탈북

나는 여러가지 이유로 시간을 낭비하는 게 너무 아까워서 '차라리 독학하는 것이 낫겠다'라는 생각에 대학교를 자퇴했다.

나는 고향으로 돌아와 고등학교 교사로 취직해 학생들을 가르쳤다.

어릴 때부터 머리 좋기로 소문이 났었기에 한 교장선생님의 배려로 '대학입학생준비반', '7.15 최우등상준비반' 지도 교사로 특별 채용됐다. 제자 중 한 명은 김책공업종합대학에 입학하는 쾌거를 거두었고, 또 구역(한국에서 지역구) 컴퓨터 경연에서 단체 우승을 하는 성과도 거뒀다.

그런데 이렇게 열심히 일을 하고 성과를 내도 생활이 엄청 어려웠다. 학교에 나가는 대신 장마당에 나가 장사를 시작했지만 장사라고 해야 집에 있는 물건들을 팔아서 하루 먹을 것을 사 오는 일이었다.

1999년 2월 2일 추운 겨울밤이었다.

중국에 가면 물리나 수학 과외라도 할 수 있을까 싶어 배낭에 러시아어, 영어, 중국어, 일본어들로 쓰인 물리, 수학 경시대회 문제집들을 메고 두만강을 건넜다. 북한 사람으로 의심 받을까 봐 북한에서 출판된 책은 넣지 않았다(그때 갖고 나왔던 일부 책들은 중국 공안에 체포되었을 때 압수당하고 일부는 아직도 소지하고 있어서 추억 겸, 참고서 겸으로 가끔씩 보고 있다).

캄캄한 밤 홀로 두만강을 건너면서 나도 모르게 "그 어떤 절대적인 존재가 있다면, 경비대원들에게 잡히지 않게 저를 보호해주세요"라고 속으로 빌었다.

그때는 그게 바로 기도라는 것을 몰랐지만 간절한 마음에 나는 이미 기도를 드리고 있었다.

강을 건너 중국 국경의 한 마을에 도착했다.

집집마다 돌아다니며 하룻밤만 재워달라고 애원했지만한 집도 들여보내주지 않았다. 국경 마을 주민들이 탈북민을 받아들이다 걸리면 공안에게 엄청난 벌금을 물어줘야했기 때문이다.

다행히 다섯 번째로 문을 두드린 집에 먼저 탈북한 여자분이 계셨다. 그분의 도움으로 왕청현이라는 곳의 한족 집에서 머물며 나무 일을 배웠다.

새벽 6시에 일어나 아침을 먹고 중국 만토우(빵) 한 개와도끼 한 자루를 허리에 차고 평지로 10리(5km), 산길로 10리(5km) 거의 2시간을 걸어야 도착하는 깊은 산에 올라가온 종일 나무를 베고 밤이 어두워지면 내려와서 자는 일이반복되었다.

함께한 다른 일꾼들도 모두 탈북민이었다.

아주 잠깐 쉴 때면 내게 담배를 권하기도 했지만 나는 담배대신 학교 다닐 때 배웠던 물리 공식들을 유도하며 시간을 보냈다. 목숨을 걸고 탈북한 뒤 도착한 중국에서의 삶은이런 나날들의 연속이었다.

4. 토끼 사육장에서 만난 탈북민들

북한에서 나올 때 전공 서적들과 문제집을 챙긴 것은 나름대로 자신이 있었기 때문이다. 북한에서 물리 올림피아드도 준비했고, 수학 경연대회도 여러 번 입상했기 때문에 그런 경험들을 바탕으로 중국에서도 고등 학문을 가르치며 돈도 벌고 편안하게 살 수 있을 것이라고 생각했다.

그러나 중국에 도착한 후 모든 것이 오산임을 깨달았다.

내가 머물던 곳은 중국에서도 너무 시골이라서 물리학이 뭔지조차 아는 사람이 없었고, 중국 사람들은 북한의 학문적 수준이 낮다고 생각해 덮어놓고 무시하는 경우도 많았다.

중국에 아무런 연고도 없던 나는 숨어 다니면서 일을 하느라 돈도 받지 못하고 잠자리와 식사를 제공받는 것이 고작이었다. 그 대가로 나무도 하고, 농사도 짓는 등의 막노동을 하며 전전하며 살다가 조선족이 운영하는 토끼 사육장에서 일하게 되었다.

거기에는 이미 먼저 와서 일하던 40대 후반의 다른 탈북민이 있었는데 그분이 예수를 믿는 사람이었다.

그는 중국에 와서 가장 어려울 때 조선족 전도사님의 도움을 여러 번 받으며 예수를 믿게 되었다고 했다. 그분은 식사하기 전에도, 자기 전에도 기도를 했고, 가끔씩 시간이 날 때마다 기도를 했다. 내 눈에는 기도하는 모습이 이상하게만 보여 친해진 후에는 그가 기도할 때 귀도 잡아당기고 엉덩이도 쿡 찌르며 장난을 쳤다. 지금 생각하면 기분이 나쁠만한 일들이었지만 그분은 "너도 예수님을 믿어라. 그러면 마음의 평안을 얻을 수 있다"라고 말하며 괘념치 않으셨다.

그때까지만 해도 '종교는 아편이다'라고 세뇌되었던 나였기에 기독교를 선뜻 믿고 싶지 않았다. 대신 '혹시 내가 종교에 빠져서 북한이 말하는 것처럼 이상한 사람이 되면 어떡하지?'라는 막연한 두려움이 있었다.

내가 머물던 토끼 사육장은 시골이어서 TV도 없었고, 볼만한 책도 없었다. 쉬는 동안 할 일이 하나도 없는 한적한 곳이어서 점차 그가 갖고 있던 기독교 서적('우리는 어디서 왔는가?' 등 기초 신앙서적)들이 눈에 들어왔다.

잘 알지도 못하면서 책을 읽기 시작한 나는 어느덧 그분을 따라 일하면서 찬송가도 흥얼거리게 됐다.

어느 날 토끼 사육장을 찾은 사장의 친척이 내게 무턱대고 "예수를 믿으라"며 성경과 찬송가를 주었다. 뿐만 아니라 자기 신발도 벗어주었다.

그리고 "주기도문과 사도신경을 외우고 예수를 잘 믿으

면 나중에 미국에서 오신 선교사님들을 통해 미국에 데려가줄 수도 있다"라고 말했다.

신발을 준 것만 해도 고마운데 막연히 잘 사는 나라로만 알고 있던 미국까지 보내준다고 하니 벅찬 마음에 열심히 주기도문과 사도신경을 외웠다.

성경책도 읽기 시작했다.

그분이 나를 미국으로 보내주지는 않았지만 그 일을 계기로 나는 진지하게 성경을 읽으며 많은 내용을 수긍했고 지혜가 담긴 책이라고 인정할 수밖에 없었다.

그렇게 오랜 시간 성경을 더 자주 깊이 읽게 됐다.

일을 시작하고 6개월 정도가 지나자 토끼 사육장이 자금 사정으로 파산할 지경에 처했다. 그러자 탈북민들이던 직원들이 모두 도망을 가 졸지에 혼자서 토끼 관리를 떠맡게 됐다. 여러 명이 하던 일을 몇 달 동안 혼자서 하니 몸도 고되고 무엇보다 외로웠다. 그때마다 나도 모르게 기도를 하며 찬양도 부르는 습관이 생겼는데 찬양을 부르고 기도를 드릴 때마다 마음의 외로움이 사라지고 평안이 찾아왔다.

그때 즐겨 불렀던 찬양은 '예수 사랑하심은'으로 지금도 가장 좋아하는 찬양이다.

"예수 사랑하심은 거룩하신 말 일세

우리들은 약하나 예수권세 많도다

날 사랑하심 날 사랑하심 날 사랑하심
성경에 써 있네….”

이 가사가 나의 고백이다.

부모도, 형제도, 나라도 나를 지켜주지 못해서 낯선 타향
땅에 살 길을 찾아왔지만 국적도 없이 숨어 살아야 하고,
일하고도 월급도 받을 수 없고, 사람들은 탈북민이라고 멸
시하고 천대하는 비참한 상황….

그럼에도 이토록 연약하고 작고 보잘것없는 나를 사랑하
셔서 높은 보좌 위에서 나를 찾아와 위로하고 죄를 씻어 주
시는 주님의 한량없는 은혜에 더 이상 자존심을 세우지 못
하고 결국 “저는 죄인입니다. 저를 용서해 주시고 구원해
주세요”라는 회개 기도가 터져 나왔다.

지금도 그때 생각을 하며 노래를 부를 때면 저절로 감사
의 눈물이 흐른다.

교회를 가본 적도 없는 나는 기도하는 방법도 몰라 눈을
뜨고 기도를 했다. 다만 한 가지 간절한 바람이 있었는데
“세계적인 물리학자가 되게 해주세요”라는 기도 제목이었
다. 사육장에서 토끼나 기르던 당시의 상황에선 너무나도
허황된 기도였다.

결국 토끼 사육장은 망했고 나는 그곳을 떠났다.

그 후 중국의 여러 곳을 전전하다가 연길에서 어떤 조선족 목사님을 만나 그분의 전도를 통해 예수님을 구세주와 주님으로 영접하고 침례(세례)를 받았다. 드디어 하나님의 자녀로 거듭난 삶을 시작하게 됐다.

2000년 6월 10일, 왕청읍 샛강 물에서 침례를 받던 그날을 아직도 잊지 못한다. 교회도 못 가고 혼자서 성경을 보며 신앙생활을 하던 때였다.

"주님, 한 번 성경을 실컷 공부하고 싶습니다"라고 간구하던 나의 기도를 하나님은 응답해 주셨다.

성경을 열심히 읽어도 혼자서는 도무지 이해가 되지 않는 부분들이 많았다. 사도행전 8장에 나오는 에디오피아 내시가 빌립의 도움을 받아 성경을 이해했던 것처럼 나도 성경을 전문적으로 배우고 싶다는 열망이 있었다.

5. 가뭄의 단비를 만나다

주님은 간곡한 나의 기도를 들어주셔서 그해 12월부터 한국과 서방의 한인 교회들이 후원하는 심양의 성경통독반에서 공부를 시작했다.

10대부터 30대까지, 탈북민들과 조선족 동포들까지 모여 있었다. 다양한 연령대와 출신인 20여 명의 사람들이 새벽부터 저녁까지 성경을 다독하며 하나님에 대해서 더 깊이 알아갔다. 이 과정을 통해 달고 오묘한 말씀을 더 깊이 깨달았다. 한없이 부족한 내가 하나님의 은혜로 통독반 책임자가 되어서 20여 명이나 되는 지체들을 섬기는 기적도 일어났다.

공동체 내에서 함께 생활하며 웃기도 하고 때로는 다투기도 하면서 우리는 자신의 연약함을 돌아보고 다른 지체들을 이해하며 이 땅에 오신 예수님의 마음도 만분지일이나마 이해하게 되었다. 가끔 방문해 들려주시는 미국과 한국 목사님들의 강의는 이해가 되지 않아 막막했던 성경의 어려운 부분들을 뚫어주는 가뭄의 단비 같았다.

아침부터 저녁까지 성경을 보고, 기도를 하고, 우리 민족과 세계를 중보하면서 뿌리 깊은 유물론적 사고방식을 버리고 그리스도의 사람으로 거듭나는 체험을 했다.
"나의 죄를 씻기는 예수의 피밖에 없네
다시 정케하기도 예수의 피밖에 없네"
우리는 보혈 찬송을 부르며 북한, 한국, 중국, 미국 등 세계를 위해서 한마음 한뜻으로 간절히 기도했다. 거의 2년 동안 밖에도 나가지 않고 종일 성경만 읽으면서 살았다.
때때로 젊음을 비효율적으로 낭비하고 있다는 생각이 고개를 들기도 했지만 하나님이 주시는 은혜가 그보다 컸기에 묵묵히 버텨낼 수 있었다.

세월이 흐른 지금, 당시를 생각하면 이때 묵상한 하나님의 말씀들이 내 평생을 버틸 영혼의 양식으로 쌓였다고 생각한다. 황금빛 말씀 곡식을 내 마음 창고에 가득 채우는 시기였다.

이곳에서 훈련받는 동안 구약 20독, 신약 100독을 했다. 나보다 오래 있었던 분 중에는 300독 이상을 한 분들도 있었다. 성경통독반의 이름이 '성경 1000독반'이었을 정도로 다들 뜨겁게 말씀을 사모했다.

2002년 4월, 저녁 예배를 드리던 중 갑자기 중국 공안이 들이닥쳤다. 15명의 탈북민과 몇 명의 조선족을 포함한 전원이 체포됐다. 하나님의 은혜인지 나는 수갑을 찬 채로 이송 중에 탈출할 수 있었다.

수배범이 되어 거리 곳곳에 내 얼굴 사진이 붙었지만 기도하는 중에 주시는 마음을 따라 몇 번이나 공안과 경찰의 급습을 피하는 역사가 일어났다.

잡히면 죽을 수밖에 없는 위기의 순간에서 오히려 하나님의 보호하심을 더 깊이 체험했다.

시편 18편 2절 말씀처럼 '하나님은 어디에서, 어떻게든 지켜주시는 분'이라는 것을 다시 한번 느꼈다.

"여호와는 나의 반석이시요 나의 요새시요 나를 건지시는 이시요 나의 하나님이시요 내가 그 안에 피할 나의 바위시요 나의 방패시요 나의 구원의 뿔이시요 나의 산성이시로다"(시편 18:2)

나는 중국을 떠나 한국으로 가기로 결심했다.

중국 돈 10위안(당시 환율로 한국 돈 1,300원 정도)을 들고 심양을 떠났다. 여정이 험난했지만 하나님의 은혜로 부족한 모든 것을 채워주심을 경험하며 수천리나 떨어진 중국 서부 윈난성에 도착했다.

심심찮게 구걸도 하며 노숙을 하다 지독한 중국 남방 지역 모기에게 온몸을 물어 뜯겼지만 이런저런 고난마다 적절하게 길을 인도해 주시는 주님의 손길을 느꼈다.

천신만고 끝에 미얀마 국경행 버스 표를 구한 후 한참 시간이 남은 것을 확인하고는 미리 버스에 타 잠을 자고 있었다. 곤히 자는 중 누군가 나를 깨웠다.

신분증을 확인하는 공안이었다. 국경 지역이라 그런지 노트북까지 들고 타 쉽게 넘어갈 상황이 아니었다.

나는 잠에서 깬 후 얼떨결에 "증명서가 없습니다. 나는 학생입니다"라고 대답했다.

공안은 "집이 어디냐?"라고 재차 물었다.

"상하이입니다."

"그 멀리서 어떻게 여기까지 왔는가?

학생증이라도 보자."

바쁘게 나오느라 학생증을 챙기지 못했다고 하니 이유

를 꼬치꼬치 캐물었다. "버스를 타고 어디를 가는지 정확한 주소를 대라"는 말에 당황했지만 나도 모르게 현지 지명과 위치를 대며 "그곳에 할머니가 산다"라며 유창하게 둘러댔다. 유창한 중국어로 대답하는 모습에 의심이 사라졌는지 공안은 아무 조치없이 버스에서 내렸다.

식사를 하기 위해 중국과 미얀마의 국경 마을에 잠시 들렀다. 작은 식당에 들어가 간단한 식사를 주문했는데 기도를 하는 모습을 본 주인이 "저 건너편 마을에 기독교 신자들이 많다"라고 말했다.

"중국에 사는 사람들이냐?"라고 묻자 "거긴 중국이 아닌 미얀마"라고 대답했다.

미얀마라는 말에 '이제 잡혀갈 걱정을 하지 않아도 되겠구나'라는 생각에 안도의 한숨이 흘러나왔다. 잡히면 강제 북송되는 '탈북민' 신세를 면했다는 생각과 '십자가가 있는 교회가 근처에 있다'는 안도감이 동시에 밀려들었다.

식사를 마치고 식당 주인이 알려준 방향을 향해 걸었다.

미얀마에서는 중국어가 통하지 않아 길을 걸으면서 아이들에게 손으로 십자가 표시를 하며 "예수, 예수"라고 말했다. 이 말을 알아들었는지 한 소녀가 나를 교회로 인도했다.

처음 도착한 나라에서 말도 안 통하는데 '십자가'와 '예수'를 알아듣는 사람이 있다는 것이 너무도 신기했다.

'어느 곳에서도 예수님 이름과 십자가를 말하면 다 아는군요. 주님은 정말 대단하십니다. 이곳에 이런 교회를 만들어주셔서 피난처를 예비해주심을 감사드립니다.'

더 이상 중국어가 통하지 않아 교회 목사님께 영어로 "저는 탈북민입니다. 양곤에 있는 한국 대사관에 갈 수 있게 도와주세요"라고 말하니 반가워하며 좋은 쉴 자리도 마련해주시고, 양곤에 있는 한국 대사관까지 갈 수 있는 방법도 마련해 주셨다.

내가 탈북을 해서 한국에 올 수 있었던 것은 이처럼 오로지 성경, 하나님의 말씀의 능력 때문이었다.

"또 네가 어려서부터 성경을 알았나니 성경은 능히 너로 하여금 그리스도 안에 있는 믿음으로 말미암아 구원에 이르는 지혜가 있게 하느니라. 모든 성경은 하나님의 감동으로 된 것으로 교훈과 책망과 바르게 함과 의로 교육하기에 유익하니 이는 하나님의 사람으로 온전케 하며 모든 선한 일을 행하기에 온전케 하려 함이니라"(디모데후서 3:15-18)

6. 한국에서 듣게 된 가족 소식

하나님과 말씀을 알기 전에도 대륙을 횡단하면 동남아를

통해 한국으로 갈 수 있다는 것을 머리로는 알고 있었다. 그럼에도 이런저런 두려움이 앞서 선뜻 행할 수 없었다. 이제 성경을 읽고 용기가 생겨 중국을 빠져나왔고, 어려움에 처할 때마다 하나님께 기도를 드리니 요소요소마다 적절하게 응답해 주셨다.

하나님의 말씀이 곧 능력이라는 것을 삶으로 체득했기에 지금도 나는 아이들에게 "성경을 목숨 걸고 읽어라"라고 독려한다.

큰 아들은 벌써 성경을 신구약 1독을 끝내 가고 있고 둘째는 이제 신약을 읽기 시작했다. 성경이야말로 인생의 갈 길을 알려주는 나침반이기 때문이다.

나는 하나님의 은혜로 한국에 도착한 후에는 탈북민 정착교육기관인 하나원 과정을 마치고, 서울에 배치되어 이듬해 연세대학교 물리학과 3학년에 입학했다. 3학년 1학기 방학부터 연세대학교 물리학과 핵물리이론 연구실에 학부 연구생으로 들어갔다. 핵이론물리인데, 이 분야는 계산을 많이 해서 그 연구실 선배들한테서 물리학에 있어서 기본기를 많이 배울 수 있었다.

그리하여 연세대학교 물리학과를 졸업했다.

이후 전액 장학금을 받고 미국 대학에서 박사 과정을 밟았다.

'미국 대학 전액 장학금'과 '핵물리학 박사 학위'는 전 세계에 퍼져 있는 수만 명의 탈북민들 중에서 내가 처음이다. 이는 내가 잘나서가 아니라 정말로 모든 것이 주님의 은혜로 가능한 일이었다.

같이 성경을 공부하다 중국에서 체포되었던 탈북민 친구들 중 북송 후 재탈북해 한국에서 살고 있는 사람들이 많다. 탈북민들이 한국 사회 적응에 어려움을 겪는다는 뉴스들이 많이 나오고 있지만 우리 성경통독반 출신들은 한국 사회에서도 소위 '잘나가는 삶'을 살고 있다.

서울대학교 전기공학과를 졸업한 친구, 미국의 펜실베이니아대학교로 유학을 가서 석사 학위를 받은 친구, 서울대 의대에 들어간 친구, 통일부 5급 공무원으로 일하고 있는 친구, 서강대학교를 비롯한 명문대에서 공부하고 있는 친구 등.

우리가 특별히 잘나서가 아니다.

통독반을 통해 말씀으로 거듭나 유물론과 우상화에 기초한 북한식 사고방식을 털어버렸기에 가능한 일이라고 생각한다. 그리고 하나님의 말씀으로 거듭났던 것이 비결이라면 유일한 비결이라고 생각한다.

연세대를 다니던 당시 고향을 떠난 지 5년 동안 도통 가족과 연락이 되지 않았다. 가족들의 생사를 확인하려고 보낸 브로커를 통해 어머니와 누나도 내가 탈북하고 몇 달 뒤 탈북해서 중국에 있다는 소식을 들었다.

그로부터 며칠 뒤 어머니와 누나에게 전화가 왔다.

기말고사 기간이었음에도 가족을 구하기 위해 시험을 포기하고 이틀 만에 중국으로 들어갔다. 내 머릿속을 가득 채운 가족 생각 때문에 기말고사를 잘 준비할 자신이 없었다. 중국으로 떠나기 전 연세대학교 물리학과 기도 모임과 내가 다니던 아현감리교회 성도들께 기도를 부탁했다.

중국에 도착하니 어머니와 누나뿐 아니라 탈북민 8명을 포함한 10명이나 되는 사람들이 모여 있었다.

어머니와 누나를 데려와 달라고 부탁했던 브로커가 붙여 놓은 사람들이었다.

중국에서 탈북민 북송이 빈번하게 일어나던 시기라 10명을 한 번에 이동하는 것은 그야말로 위험천만한 일이었다.

그러나 그리스도인으로, 또 같은 탈북민으로서 한국에 가고 싶어 하는 그들의 간절한 눈빛 또한 외면할 수 없어 함께 이동하기로 결심했다. 다만 내가 모든 것을 책임을 질 수는 없기에 출발 전에 당부의 말씀을 드렸다.

"교통비와 숙박비는 제가 지불하겠습니다. 하지만 중간에 경찰을 만나면 제가 도와드릴 수 있는 일은 없습니다.

지금 저는 한국 여권이 있지만 탈북민 출신이므로 여러분을 돕다 체포되면 북한으로 잡혀갈지도 모릅니다. 그러나 저를 지켜주신 하나님이 여러분도 지켜주실 것입니다. 그 어떤 힘들고 어려운 상황이 찾아와도 하나님께 기도하십시오."

그 후 간단하게 기도하는 방법을 알려드렸더니 기독교를 아예 모르는 몇몇 분들도 그 자리에서 간절히 기도하였다. 기도 덕분인지 내가 탈북했던 그 루트를 따라 10명 모두 무사히 한국에 도착했고 그때 함께 했던 분 중 한 분은 누나와 결혼해 매형이 되었다.

브로커가 일을 차일피일 미룬 것도, 이들이 함께 모여 탈북하게 된 것도 지금 보면 모두 하나님의 섭리임을 고백하지 않을 수 없다.

연세대 물리학과에서 공부하면서 물리 실력이나 수학 실력은 많이 키웠는데 컴퓨터를 많이 다루지 못해 프로그래밍이나 컴퓨터 스킬이 다른 사람보다 약하다는 것을 깨달았다. 그래서 학부를 졸업하고 석사과정은 컴퓨터를 많이 다루는 입자실험(고에너지물리) 연구실로 들어갔다. 그곳에서 Linux 기반으로 C++나 다른 프로그래밍을 하는 방법을 좀 배우고 또 한국에는 입자가속기가 없다보니 일본 츠쿠바에 있는 KEK(국립고에너지연구소)에 방문 연구생으로 해마다

3개월 이상을 그곳에서 머물며 연구하면서 여러 나라에서 온 학자들과 교류해 안목을 넓히게 되었다. 결국 박사 과정은 미국서 받는 것이 좋겠다고 결심하고 유학 준비를 했다.

석사 2년차 때 지금의 아내를 만나 결혼했다.

석사를 졸업한 그해 8월, 큰 아이를 낳고, GRE, TOEFL을 준비하고 미국의 대학 몇 곳에 원서를 넣었는데, 감사하게도 T 대학교 박사과정에 입학허가를 받게 되었다. 그 기간에 가족을 부양해야하므로 세종대학교에서 강사로 일하기도 했고, 파트 타임 학원 강사로 일하면서 생활비를 벌었다. 당시 T 대학교에서 Admission letter(입학허가서)보다 stipend(등록금 면제+$1850/month의 생활비)를 준다는 offer letter(장학금 증서)가 먼저 도착했다.

박사 과정 중에는 미국 에너지국(Department of Energy)에서 후원하는 11개의 핵물리분야 유명 대학과 연구소들이 공동으로 참여하는 프로젝트에 연구 조교로 참여하였다.

다양한 프로젝트에 참여하며 실무능력을 인정받고 박사 논문 최종 심사를 앞두고 있던 때, 북한에 홀로 남아있던 형님으로부터 연락이 왔다. 16살에 군대에 가 13년이나 복무를 하고 고향에 돌아와 보니 가족이 온데간데없이 사라져 크게 놀랐다고 했다.

나와 연락할 당시에는 외화벌이를 위해 북한에서 러시아로 파견한 해외 노동자 신분으로 모스크바 주변 건설장에서 일하고 있었다.

아침 6시부터 밤 12시까지 극한의 상황에서 일을 해야 했고, 시베리아의 추운 날씨를 버티며 가건물에서 생활하다 보니 극심한 관절통과 허리통이 생겼다고 했다.

인맥을 통해서 러시아에서 사역하고 계시는 선교사님을 찾아 형님을 탈출 시키려고 계획하고, 주변에 많은 분들께 기도부탁을 했지만 상황이 쉽지 않았다.

형님은 자신이 어디에 있는지 모르고 있었기에 선교사님이 찾아가려고 해도 방법이 없었다. 북한 노동자들은 철저히 외부와 차단된 상황에서 일만 하고 있었다.

이 답답한 상황을 타개할 뜻밖의 소식이 찾아왔다.

당시 대학에서 같이 연구하던 옆자리의 동료가 내 사정을 듣더니 자신이 러시아 출신이라며 도와주겠다고 나섰다.

"내 삼촌이 모스크바 전신국에서 일하고 있어. 네 형님의 손전화(휴대폰) 전화번호만 알려주면 삼촌을 통해서 구글어스로 위치를 알려줄게."

형님이 나와 연락할 때 쓰던 번호를 그 친구에게 넘겨주니 다음 날 정말로 대략적인 위치가 구글 어스로 전송됐다. 그 위치를 통해 선교사님이 북한 노동자들이 일하는 작업장을 찾아가 형님을 탈출시켜 주셨다. 러시아에서 북한 노동자들을 서부 쪽 작업장으로 옮기려고 준비 중이었기에 탈출이 조금이라도 늦었으면 큰일 날 뻔한 상황이었다.

러시아 서부 쪽은 모스크바와 다르게 UN 난민 사무소도 멀어 망명이 쉽지 않다고 했다. 다행히 형님은 러시아에서 난민 신청을 통해 한국에 도착했다. 형님이 들어온 지 며칠 지나지 않아 "모스크바 주재 유엔인권대표사무소 폐쇄"라는 뉴스가 발표됐다. 우리는 하나님이 행하신 기적의 타이밍에 소름 끼칠 정도로 놀라며 기적을 베푸신 주님께 감사하며 찬양을 드렸다.

7. 한 알의 밀알이 되기를

주님께서는 이런 나를 택하셔서 북한에서 중국으로 탈출시켜 주시고 연약함을 깨닫게 함으로 오히려 주님만 붙잡게 하시는 법을 통해 은혜를 베풀어 주셨다. 그 은혜 덕분에 안전하게 주님을 믿을 수 있는 한국을 거쳐 좋은 대학에서 학업을 마치고 더 큰 발걸음을 위해 미국행까지 인도하셨다.

하나님을 만나고 나와 내 가족의 인생이 바뀐 것처럼 나는 이 은혜를 가슴에 묻어두기보다 학자로서 주신 달란트를 통해 전문인 선교의 비전을 품고 살고 있다.

머잖아 북한이 열리면 이 사명을 품고 예수님이 말씀하신 진정한 사마리아 땅 끝인 북한 땅을 살리는 영으로 쓰임받고 싶다. 북녘 동포들에게 내가 만나 예수님을 소개하고, 주님의 나라를 확장하는데 내 삶이 한 알의 밀알로나마 쓰임 받을 수 있는 시대가 속히 찾아오길 바란다.

나는 직접 경험했고 누구보다 잘 아는 북한 땅에 예수그리스도의 기쁜 소식을 전하는 다리로 나의 삶을 사용하고 싶다.

지금도 눈만 감으면 떠오르는 그리운 고향 사람들도 하나님의 말씀인 성경을 읽고, 주님의 음성을 듣고, 마음껏 찬양하고, 기도하며 거듭남으로 참된 자유를 누리는 그날이 올 것이라고 믿고 기도하며 나는 살아가고 있다.

제3부

탈북민을 위한
복음사역 매뉴얼

20년 탈북민과 복음 사역을 통하여 습득한 교훈

김정일 목사

북한 선교의 현장 이해하기

많은 사람들이 꾸미는 걸 좋아한다.

이는 다른 이에게 좋은 사람으로 보이고 싶은 마음 때문이다. 일의 성과도 사실보다 좋게 포장되기를 원한다.

진리에 이르기 위해서는 이런 인간의 본성을 파악하고 냉정한 현실을 직면하며 나아갈 수 있는 용기가 필요하다.

만일 과학자가 원하는 실험 결과를 얻기 위해서 실험을 조작한다면 어떤 일이 일어날까?

기업가가 만든 상품에 호의적이지 않는 시장 현실을 외면한다면?

정치인이 데이터에 기반한 객관적인 사회 현실을 숨기고 이상적인 청사진만 제시함으로 국민들을 선동한다면 그 사회는 퇴보할 수밖에 없을 것이다.

북한 선교도 마찬가지다.

우리에게는 그동안의 교회 문화가 만들어낸 일종의 선교 공식이 있다. 현실에는 거의 없음에도 불구하고 미리 이상적인 신앙인을 모델로 만들어놓고 선교대상자가 영화의 한 장면처럼 갑자기 회심하여 그 모델에 맞게 변화되기를 기대한다.

예를 들면 하나님을 믿었더니 돈 문제에 완전히 초연해졌다든가, 아니면 성인군자가 되어 절대 화를 내지 않는 모습을 보였다든가 하는 등의 모습들이다.

인간은 불완전하며 현실은 2시간짜리 영화가 아니다. 사람이 아무리 극적인 회심을 경험하고 거듭났다 하더라도 인간은 여전히 불완전하고 실수하는 존재라는 것을 인정해야 한다.

그동안 한국 교회의 북한 선교가 어려웠던 것은 우리도 행하지 못할 이상적인 신앙인을 만들어 놓고, 수십 년 동안 남한과는 상반된 약육강식의 환경 속에서 살아온 탈북민을 조급하게 길들이려고 했기 때문이다. 사람의 본성은 쉽게 변하지 않기 때문에 시간을 가지고 인내해야 하지만 선교의 열매가 빨리 나타나길 원하는 많은 사람들이 조바심을 참지 못하고 무리하게 탈북민을 변화시키려 한다.

이런 현상은 크게 두 가지 문제를 만든다.

첫째, 길들여진 척하는 위선자를 양성한다.

한국 교회는 이러이러한 행동을 하면 좋아하고, 이러한 행동을 할 때 원하는 도움을 주더라는 식의 탈북민들을 길러내는 역효과가 날 수 있다.

둘째, 겉모습이 거칠고 쉽게 길들여지지 않는 사람을 교회가 배척할 수 있다.

하나님이 보시기에 진실되고 사랑스러운 사람이라 할지라도 우리는 겉모습만으로 판단하는 어리석음을 범할 때가 많다. 율법의 잣대로 쉽게 정죄하는 모습은 영혼을 실족시킬 위험이 크다.

대부분의 탈북민은 직설적이고 거친 면이 있다.

스스로를 좋은 사람으로 꾸미는 것을 잘 못한다. 자신이 느끼는 것을 있는 그대로 여과 없이 말한다.

이런 특징은 성도들이 순한 양이 되기를 바라는 교회에서는 좋은 인상을 주지 못하고 결국 많은 탈북민들이 하나님의 말씀을 들을 귀가 열리기도 전에 교회에서 외면을 당해 떠나가는 이중고를 겪게 한다.

북한 선교의 올바른 길을 찾기 위해서는 작금의 선교 현장을 냉철하게, 있는 그대로 바라보는 절차가 필요하다. 그러한 관점으로 이 장에서는 내가 경험했던 선교 현장을 토대로 가감 없이 직설적으로 북한 선교의 지침서를 쓰려 한다.

많은 성도들이 읽기 불편할지 모르지만 옛말처럼 '입에 쓴 약이 몸에 좋은 법'이다.

우리 인생의 목적은 영혼을 살리는 것이다.

비록 쓴 약처럼 힘든 과정을 겪더라도 현실 그대로의 아픈 모습을 바로 인식하기만 한다면, 이 과정을 통해 스스로를 돌아보고 상처 입은 영혼에 대해 인간의 시선이 아닌 하나님의 시선으로 그들을 볼 수 있다면, 아직 탈북민 선교에 희망은 있다. 상처받은 사람들의 굳은 마음을 외면하는 왜곡된 선교 현장에서 어떻게 하나님의 은총과 사랑의 씨앗이 뿌려지고 열매가 맺어지는지 내가 경험한 생명의 간증을 함께 누렸으면 한다.

1장

탈북민에 대한 이해

I. 북한 선교의 첫걸음 – 상처 입은 사람의 마음 이해하기

사람들이 북한 선교를 어려워하는 가장 큰 이유는 마음을 얻을 수 없기 때문이다.

엄밀하게 말하면 탈북민을 알아가고 싶고 교제하고 싶은데 마음을 쉽게 열지 않아 힘이 빠진다는 것이다. 상처 입은 사람의 입장과 아픔을 헤아리지 못하고 자신의 경험과 선입관으로 그들에 대해서 쉽게 판단하고 접근하기 때문에 벌어지는 일들이다.

보통의 한국 사람은 대체로 처음 본 사람에게 친절하다.

쉽게 웃으면서 다가가서 말을 건네기도 한다. 그러나 마음에 상처 있는 사람은 낯선 사람에게 쉽게 다가갈 수 없다. 다가오는 사람도 경계하고 쉽게 마음의 문을 열지 않는다.

이미 2장의 간증들을 통해 익히 봤겠지만 탈북이라는 과정 자체가 너무 고통스럽기 때문에 알지도 못하는 사람에게 친절을 베풀 만큼 마음의 여유가 없다.

북한에서 태어났다면, 생사의 고비를 넘기고 탈북의 과정을 거쳤다면 당연히 일어날 수밖에 없는 현상이다.

그럼에도 한국 사람은 이들의 상처와 경계심 많은 모습을 이해하지 못한 채 '나는 친절하게 다가갔는데 왜 이 사람은 이렇게 반응해?'라고 생각한다. 심지어 모욕을 줬다고 생각하거나 적의를 가지고 있다고 확대 해석하는 경우도 많다.

평소에 느꼈던 이런 부정적인 이미지를 품고 있다가 우연히 제3자가 "그 탈북민이 어떤 사람이냐?"라고 물을 때는 기다렸다는 듯이 부정적인 답변을 하는 경우를 많이 봤다. 결국 잘못 하나 없던 탈북민은 의도치 않게 교회에서 모든 사람들에게 부정적인 사람으로 낙인찍히게 된다.

마음에 상처가 많은 사람은 낯선 사람과 관계 맺는 것을 싫어하는 경우가 많지만 때때로 사회생활을 하다 보면 어쩔 수 없이 모르는 사람에게 도움을 요청해야 할 때도 있다. 이런 상황에서조차 그들은 때때로 마음을 감추고 친절하게 상대를 대하는 것이 지혜이며 자신에게도 이득이라는 것을 알지만 행동으로는 이어지지 않는다. 친절은 몸에 배어야만 베풀 수 있는 성품이기 때문이다.

마음의 근심과 고통은 얼굴에 나타난다.

그런 연유로 탈북민들은 다른 사람에게 부탁을 할 필요가 있을 때조차 상냥하게 표현하지도 못하고, 무뚝뚝한 표정으로 마지못해 요청을 한다. 주변 사람에게 적의가 있어서 그러는 것이 아니다. 스스로의 삶의 무게가 견디기 힘들 정도로 무거워서 다른 사람의 미묘한 기분을 배려하여 일일이 대인관계를 신경 쓸 마음의 여유가 없어서다.

이 상황을 사회생활을 잘한다는 평균적인 한국 사람의 입장에서 생각해보자. 자신에게 부탁하러 온 사람이 불친절한 표정으로 도움을 요청하는데 누군들 좋아보일리 있겠는가. 그래도 예의를 차려 긍정의 말로는 대답하지만 적극적으로 도와주지는 않는다. 당연한 결과라고도 볼 수 있지만 그럼으로써 탈북민은 더 고립된다.

교회든 사회든, 이런 일을 반복해서 겪으면 탈북민은 더더욱 마음의 문을 닫아버린다. 따라서 북한 선교의 시작은 그들의 마음을 이해하는 것에서부터 시작해야 한다. 나의 생각과 판단이 아니라 탈북민의 입장에서 생각하고 이해하려고 노력해야 한다는 뜻이다.

2. 탈북민의 마음 이해하기

(1) 탈북민의 자신감과 좌절

한국에 들어오는 탈북민들은 하나같이 자신감이 충만한 상태다.

'내가 조선에서 고난의 행군을 넘기고 중국에서 험한 탈북민으로 살아남았는데 한국에서의 삶이야 식은 죽 먹기지. 나라에서 임대 아파트 주겠다. 병원에도 데려가 주고 각종 지원금을 주겠다, 이제 내가 열심히 일하고 노력하면 꿈도 이룰 수 있는 자유대한이 아닌가?'

처음 며칠 동안은 남한의 모든 것이 신기하고 감격스럽지만 이 감격이 채 가시기도 전에 탈북민들은 자신들이 천국과 지옥 사이에서 갈 곳이 없어진 사람들이라는 걸 깨닫는다. 북한에서는 우리 안의 토끼처럼 나라에서 주는 것을 받아서만 살아왔고 당이 결정하면 그대로 따르기만 하면 된다. 직장도 당이 결정하고, 내가 살아갈 터전도 당이 결정한다. 나에게 자유가 없기 때문에 나의 선택에 대한 책임도 없다.

반면 남한에서는 뭐든지 경쟁하면서 살아야 한다.

내가 잘못 결정한 것에 대한 대가는 철저히 치러야 한다. 탈북민들은 이런 삶을 살아 본 적이 없다.

대한민국 사회에 처음 왔을 때 주변 사람으로부터 '당신

은 통일의 마중물, 당신은 사랑받기 위해 태어난 사람'이
라는 이야기를 종종 듣는다. 그럴 때마다 '난 통일의 위대
한 역군이 될 거야'라는 큰 이상을 품지만 현실은 녹록지
않다.

이들이 처한 현실은 기대와는 달라도 너무나 다르다.

마음에는 북한에 두고 온 가족 생각으로 어떻게든 돈을
벌어야 한다는 생각이 가득하다. 내가 북한에서 엘리트로
있었든, 교원을 했든, 당사업 간부였든 간에 당장 남한에서
할 수 있는 일은 몸으로 때우는 일밖에 없다.

경쟁 사회인 한국의 노동 강도는 북한에 비해 훨씬 강한
편이다. 처음에는 '내가 굶어죽을 위기의 고난의 행군도 견
뎠는데 그 정도쯤이야'라는 생각으로 달려든다.

그런데 이상하다. 몸이 말을 듣지 않는다.

북한에서 오래 지내며 한 번도 풍족히 먹지 못했던 탓에
체력이 이미 약해졌고, 긴장감 속에 눌려져 있던 몸속의 숨
은 병들이 한꺼번에 터져 나와 견딜 수가 없다.

너무 힘들어 일하다 잠깐 쉬면 동료들이 "사회주의에서
와서 게으르다"라고 비난하기 일쑤다. 자존심 때문에 이를
악물고 버티면서 일하지만 며칠 못 버티기를 반복, 그러다
정말 큰 병을 만나 입원하고 그나마 번 돈도 병원비로 다
허비한다.

그나마 운이 좋아 대학을 가거나, 좋은 직장을 얻는 소수의 탈북민도 있다. 그러나 아무리 좋은 곳에 간다 한들 그곳에서의 경쟁은 더 치열하다. 한국의 엘리트들과 경쟁을 해야 하기 때문이다.

어릴 때부터 자본주의의 치열한 경쟁에 적합하도록 수억 원을 들여 명품교육을 받아온 사람들과의 경쟁이다. 이곳에서 살아남기는 더 힘들다. 힘들게 대학에 갔지만 많은 탈북민이 중도에 그만둔다.

그 후에는 갈 곳이 없다. 오히려 북한이 그립다. 그러나 갈 수 없고 그렇다고 가족을 두고 이대로 죽을 수도 없다.

김S.K. 목사는 이러한 탈북민의 처지를 야생화에 비유했다.

『탈북민. 그들은 야생화다.』

벼랑 끝에 뿌리내린 야생화다. 흙이 얇아 바람이 불면 살아남기 위해 악을 쓰고 매달려야 하고, 조금이라도 가물면 타들어간다. 남한에서 좋은 가정에서 자란 온실 속의 장미는 조금만 추우면 불을 때어주고 바람도 막아주고 목마르면 때에 맞춰 물을 준다.

그래서 그들은 매우 아름다운 장미꽃을 피우고 사람들은 그 장미꽃이 아름답다고 칭찬을 한다.

그런데 그들은 세상에서 가장 이상한 나라 조선에서 태어났고, 이렇게 남한에 와서 절벽 가운데 뿌리를 내렸다.

그래도 살겠다고 절벽에 매달려 비바람을 견디며 힘들게 힘들게 꽃을 피웠다. 온실 속의 장미는 상상할 수도 없는 고통으로 정말 힘들게 꽃을 피웠다.

그런데 이상하다. 힘들게 꽃을 피웠는데 찾아오는 사람이 없다. 왜냐면 내가 피운 꽃이 장미꽃보다 아름답지 않기 때문이다. 죽도록 노력을 해서 힘들게 꽃을 피웠지만, 자본주의 경쟁 사회에서 장미꽃과 같은 상품성 있는 꽃을 피우지 못했다. 난 아무도 찾지 않는 깊은 숲속에 사는 야생화를 피웠다.

그래서 야생화는 너무나 속이 상해 하늘을 향해 엉엉 울면서 "왜 내게 이런 인생을 살게 하나요?"라고 원망도 하면서 모든 것을 끝내고 싶지만 그래도 살고 싶다. 죽고 싶지만 그래도 살고 싶다. 그래서 그들은 영국이나 미국으로 마지막 탈출을 시도하지만 또 다른 상처를 받는다.

외국은 한국에서 경쟁성을 인정받고 더 큰 성장을 위해서 가야 할 곳이지 이곳에서 실패한 채 도피처로 가면 문화뿐 아니라 말도 통하지 않는 곳에서 더 큰 좌절감을 맛본다. 세상은 넓은데 내가 갈 곳은 어디에도 없다. 갈 곳은 없는데 그래도 살아야 한다. 그래서 괴롭다.

이러한 야생화의 심정이 일반적인 탈북민의 심정이다.

(2) 상처

상처 입은 사람은 화를 잘 낼 수밖에 없다.

화를 내는 사람을 가까이하고 싶은 사람은 한 명도 없겠지만 마음에 큰 상처를 입은 사람은 경우가 다르다.

왜 화를 참지 못하는가?

화를 내지 않으면 그 사람은 죽는다. 가만히 있는데 가슴속 깊은 곳에서 답답한 것이 올라온다. 이 답답한 것이라는 것은 '나도 행복해지고 싶은데…. 나도 잘 살고 싶은데…'라는 소망에서 온다. 강렬한 소망에도 나를 짓누르는 삶의 무게가 너무나 커서 그동안 쌓아뒀던 모든 꿈과 희망, 즉 인생이 무너져 내리는 상황에서 생기는 답답함이기 때문에 그들을 정죄해선 안 된다.

이 답답함이 돌덩어리가 되어 마음이 통제가 되지 않을 때가 있다.

그럴 땐 아무도 없는데도 갑자기 혼자 욕을 한다. 살고 싶어서 욕을 하는 것이다. 욕이라도 하지 않으면 가슴이 터지기 때문이다. 이들의 욕은 한국에서 철부지 청소년이 강해 보이기 위해서 하는 욕과는 다르다. 악한 마음을 가지고 악한 마음으로 내 뱉는 양아치들이 하는 욕과도 또한 다르다. 이들이 뱉는 욕은 기구한 운명에 대한 강한 부정이다. 아무리 발버둥 쳐도 벗어나지 못하는 고통의 굴레에 대한 울부

짖음이다. 듣는 사람이 없더라도 혼자 욕이라도 하지 않으면 견딜 수 없는 절규 그 자체다.

상처 입은 사람은 밤에도 바로 누워서 잠을 못 잔다.
맺힌 응어리가 가슴을 답답하게 눌러 숨을 쉴 수가 없기 때문이다. 가만히 있어도 심장이 두근거린다. 엎드린 채로 가슴에 주먹을 깊게 밀어 넣어 진정시켜야만 겨우 잠이 든다. 이 아픔은 어느 누구도 이해할 수 없는 마음의 깊은 상처다. 하루하루를 이런 심정으로 힘들게 살아가는데 어느 누가 "그 사람 과거에 이러한 일을 했다더라, 남자관계가 좀 그렇다더라"라며 그 사람의 인생을 한 장도 알지 못하면서 함부로 평가하는 이야기를 들었을 때 심정이 어떻겠는가? 더 잃을 것이 없는 사람이 되어 사자 같은 분노로 비참한 심정을 나타낼 뿐이다. 교양 좀 있다는 사람들은 이들의 비참한 절규를 '분노조절 장애'로 정신병 취급을 해버리고 만다.

(3) 들어주기
북한영화 '화랑과 진장군'에 나오는 노랫말이다.

'푸른 하늘에 달과 별 함께 살고
정든 고향에 님과 나 함께 사네
간절한 이마음 흐르는 강물같이

영원히 그대를 따르리'

남한이든 북한이든, 모든 사람은 행복하길 원한다.

어린 시절 아이들은 밤하늘의 총총한 별을 바라보며 꿈을 꾼다.

"난 커서 무엇이 될까?"

"난 배불리 먹을 수 있을까?"

"나도 부자가 될 수 있을까?"

"나도 저 별처럼 행복하게 살 수 있을까?"

다른 사람은 어떻든 간에 사람이라면 누구나 자신만큼은 행복할 운명이라 믿는다. 굳건한 믿음만큼 모진 세월은 그 믿음을 더 큰 상처로 만든다.

가슴 안에 상처가 있는 사람은 말을 너무 많이 하거나, 말을 전혀 하지 않는다. 말을 너무 많이 한다는 것은 내 안의 분노와 상처 같은 고통을 내가 가슴에 담을 수가 없어 쏟아내야 하기 때문이다. 이들은 자신의 아픔을 다른 사람에게 하소연함으로써 그간의 고통을 보상받고 싶어 한다.

탈북민 사역을 하다 보면 자신의 이야기를 들어주기를 원하는 사람들을 많이 만난다. 북한에서 이산가족이 된 이야기, 중국에서 원하지 않는 결혼을 한 이야기, 북송되어서 감옥에서의 삶 이야기, 그리고 그러한 인생 가운데 만난 고

마운 사람과 아픔을 준 사람의 이야기 등…. 그들의 이야기는 밤을 새워 들어도 끝이 없다.

교회나 하나원에서 예배 후 성경 공부하는 시간에도 탈북민은 서로 자신의 이야기를 들어주길 원한다. 다른 사람이 이야기하고 있는 중에도 말을 끊고 자신의 이야기를 한다. 한국 사람들이 생각하는 원활한 방식으로는 성경공부가 진행되지 않는다.

보통의 한국 사람이라면 주의를 환기시켜 다시 성경공부를 이어가겠지만 내 경험상 탈북민들의 경우에는 오히려 성경공부를 중단하고 이야기를 들어주어야 한다. 한국 사람에게 성경공부는 신앙을 성장시키는 거룩한 행위로 중요하지만 성경 공부를 처음 접하는 탈북민에게 그것은 북한에서 받은 교양수업이나 생활총화처럼 느껴진다. 그들에게 당장 중요한 것은 더 이상 방치할 수 없는 가슴의 많은 상처를 치유하는 일이다. 이들의 간절한 마음의 외침을 외면하고 입을 막고 주입식으로 들으라고만 한다면 그들은 곧 떠나고 말 것이다.

반면 가르치려는 자세를 버리고 이야기를 묵묵히 들어주고 공감만 해주면 단지 듣기만 해줌으로써 서서히 마음이 치유되고 복음도 받아들이는 놀라운 역사가 일어난다.

많은 한국 사역자들이 성경공부나 기독교 교리를 주입하는데 집중하느라 사역 대상자들의 말을 잘라먹는 실수를 저지른다.

자신의 아픔을 사람들 앞에서 이야기한다는 것은 결코 쉬운 일이 아니다. 치욕적인 일들, 부끄럽고 분노가 올라오는 일 등. 나의 모든 약점을 보여주고자 할 때만 가능한 일이다. 이런 위험을 안고 자신의 아픔을 이야기하는 사람의 마음은 생각도 않은 채 성경 이야기만 집어넣으려고 하는 것은 정작 가장 중요한 마음을 얻는 일에는 도움이 안 된다.

응급환자는 어떤 조치를 취해서라도 일단 생명을 살려야 한다. 환자가 죽고 나면 백약도 소용없기 때문이다.

마찬가지로 이들도 당장 아픔을 쏟아내지 않으면 가슴이 터질 것 같은 괴로움을 안고 살기 때문에 누군가 들어주고 공감해 줄 사람이 필요하다. 현실이 너무나 괴롭지만 그래도 마음을 쏟아내면 그나마 살 수 있을 것 같은 희망을 느끼기 때문이다.

이처럼 절박한 사람의 입을 막고 자신이 모든 걸 아는 것처럼 우월한 위치에서 내려다보려고만 한다면 탈북민들은 오히려 굴욕감을 느낀다. 자신의 이야기에 티끌만큼도 관심이 없는 사람에게 수치스러운 내면을 오픈하는 실수를 했기 때문이다. 이런 경험이 있는 탈북민은 다시는 그 사람에게 마음을 열지 않고, 더 이상 어떤 이야기도 꺼내지 않는다.

반면에 말을 전혀 하지 않는 상처 입은 사람들이 있다.

난 아파서 이야기를 해야 하지만 어차피 상대는 전혀 공감을 못할 것이라고 생각하기 때문이다. 이야기를 해봤자 나의 아픔이 단순한 흥미나 판단 대상이 될 것임을 알기 때문에 이들은 굳이 입을 열지 않는다.

실제로 현장에서 북한 사역을 하다 보면 중국에서 원하지 않게 결혼한 사람들을 많이 본다. 이들은 이혼과 양육권, 가정 폭력 등과 같은 해결하기 어려운 일들에 처해 있는 경우가 대부분이다.

이런 내용을 남들에게 공개할 때 정말 자신의 모든 것을 희생하며 도움을 주려는 사람은 고사하고 가만히 들어주는 사람도 많지 않다. 듣는 둥 마는 둥 하다가 "기도해주겠다"라며 위로를 건네지만 현실은 다른 자리에서 탈북민의 가정사를 이야깃거리로 삼고 탈북민들은 이렇다는 식으로 판단의 잣대로 소비하는 경우가 대부분이다.

삶의 산전수전을 다 겪은 탈북민들은 본능적으로 이런 분위기를 알아챈다.

그래서 자신의 상처를 이해하지 못할 사람에게는 아예 말도 꺼내지 않는다. 그런 사람 앞에서 말해봤자 나만 더 초라해지고 자존심 상하기 때문이다. 이런 상황을 온전히 이해하지 못하고 섣불리 다가갔다가는 서로의 간극만 더 벌어지고 온전한 선교를 이루기는 쉽지 않다.

(4) 가식의 문제

마음속에 아픔이 있는 사람은 가식을 떨지 못한다는 문제도 있다.

'억지로 꾸민다'는 뜻처럼 가식은 인간에게 부자연스러운 것이기 때문에 많은 에너지를 소비한다. 아리고 무거운 것이 가슴속에 들어와 기도를 막고 있어 숨쉬기도 버거운데 어떻게 가식으로 꾸밀 에너지가 남아 있겠는가? 그래서 탈북민들은 느끼는 감정을 직설적으로 표현한다.

남한 사람들은 마음도 없으면서 쉽게 말하는 "사랑합니다"라든지 "너무 이뻐졌어요"와 같은 흔한 인사치레도 탈북민들에게는 가식으로 느껴지는 버거운 여유다. 기본적인 사회생활을 위해 필요한 최소한의 마음의 여유도 없는 사람들이 대부분이다.

가식으로 꾸밀 줄 모르기 때문에 남한에서 살기가 더 힘들어진다.

사람과 어울리기 위해 불필요한 겉치레를 하고 수다를 떨 여유가 없는 탈북민들의 상황을 알지 못하기 때문에 이들을 만나는 남한 사람들은 단순한 호기심으로 이것저것 물어보며 친한 척을 한다.

자기 딴에는 친해지려고 하는 질문들이지만 개중에는 탈북민들의 폐부를 찌르는 아픈 말들도 종종 있다. 굳이 모르는 사람에게 아픈 마음을 털어놓기 싫어서 탈북민들은 대화를 마무리하고 자리를 떠나거나, 성격이 급한 사람은 화를 내면서 직설적으로 따지기도 한다.

사회생활을 위해 적당히 웃는 얼굴과 가식에 익숙한 사람들에겐 그들의 직설적이고 냉랭한 태도가 당황스럽고 기분을 상하게 하기도 한다. 탈북민 앞에서 바로 뭐라고 하지는 않지만 그 뒤로 그 탈북민에 대해서 좋지 않은 평가를 한다는 것은 불을 보듯 뻔한 일이다.

아무것도 모르는 제3자가 보기에는 화를 내고 거칠게 행동하는 탈북민이 당연히 나쁜 사람이고 이런 악순환이 반복되면 탈북민은 자신도 모르게 공동체 내에서 왕따가 된다. 탈북민은 이런 일을 여러 번 겪으면서 더 마음의 문을 닫게 된다. 탈북민들이 마음에 여유가 없음을 미리 인지하고 조심스럽게 다가가지 않으면 하나님이 예비하신 소중한 영혼을 단지 내 기분에 내키지 않는다는 이유로 잃게 될지도 모른다.

2장

맘몬과의 전쟁

I. 돈과 자유

북한 선교를 조금이라도 경험해 본 사람들은 하나같이 "돈이 너무 많이 든다"라고 말한다. 탈북민들을 교회에 나오게 하려고 많은 교회들이 한 명당 한 달에 적게는 10만 원, 많게는 30만 원까지 지급한다. 이단 중에는 50만 원까지 주는 곳도 있다. 북한 선교에 대해서 진지하게 고민하는 한국 사람들뿐 아니라 한국 사회에 적응한 탈북민 출신 목회자들 사이에서도 이 부분에 대한 비판의 목소리가 높다. 이 문제에 대한 구체적인 내용은 마지막 장에서 다루도록 하고 앞서 뭐든지 영혼을 살리는 교회에서도 돈을 앞세우는 이유가 무엇인지를 먼저 살펴보도록 하자.

돈을 생각하면 바로 '탐욕'이 떠오르기 때문인지 한국 교회 성도들 사이에서 돈에 대한 이미지는 좋지 않다. 반면 한국에 갓 입국한 탈북민에게 돈이란 바로 '자유'다.

하나원에서 사역할 때 재능이 넘치는 탈북민을 많이 만났다.

"좋은 재능이 있으니 일단 대학에 가서 고등교육을 받는 것이 어떻겠냐?"라고 권유하면 대다수는 "돈을 벌어야 해서 안 된다"라고 한다. 빨리 돈을 벌어야 북한에 있는 가족들을 데려올 수 있기 때문이다. 조급함에 어떤 사람들은 탈북민에게 돈을 주는 교회를 찾아가고, 주일에도 돈만 준다면 교회가 아닌 어디든지 간다. 돈을 '탐욕'의 개념으로 접근하는 남한 성도들은 탈북민들을 '돈밖에 모르는 사람'이라고 쉽게 판단하지만 언제 죽을지도 모르는 상황에 처한 가족을 데려와야 하는 탈북민의 입장에서는 돈은 '탐욕'이 아니라 '자유'다.

탈북민들은 하나같이 "자유를 찾아 대한민국에 왔다"라고 말한다.

먹고살기도 버거웠던 북한에 비하면 잠깐이지만 남한은 천국과도 같을 것이다. 그러나 머지않아 '가진 돈만큼 자유를 누릴 수 있음'을 깨닫는다. 자유로운 한국에 왔다고 모두 같은 자유를 누리는 것은 아니라는 것을 알게 된다.

내가 만일 만 원을 가지고 있으면 만 원어치의 자유를 누린다. 국밥 한 그릇 사 먹고 지하철 타고 서울 시내를 돌아다닐 수 있을 정도의 자유다.

그런데 내가 만일 천만 원을 가지고 있다면 어떤가?

만 원을 가지고 있을 때와는 차원이 다른 자유를 누릴 수 있다. 세계 어디든지 떠날 수 있는 자유를 돈 천만 원으로 얻을 수 있다.

그런데 여기서 끝이 아니다. 탈북민들은 돈은 자유뿐 아니라 존재의 가치라는 것을 다시 깨닫는다.

자본주의는 돈 없는 사람이 돈 가진 사람에게 몸을 굽히는 사회다. 물건을 사러 백화점에 가면 점원이 환한 미소를 지으며 인사를 한다. 얼굴도 본 적 없는 사이지만 밝게 웃어주고 인사를 받으니 기분이 좋아진다. 집에 와서 물건을 뜯어보니 영 마음에 들지 않는다. 환불을 받으러 백화점에 다시 가면 이번에는 내가 몸을 굽혀야 한다. 환불을 해줄지 말지를 결정하는 것은 점원이기 때문이다.

이런 체험을 하다 보니 탈북민들에게 돈은 '탐욕'이라기보다 '자유'이자 '존재'로 느껴질 것이다. 돈이 '존재'라는 것은 고난의 행군을 겪고 중국에서 불안한 삶을 살아낸 탈북민에게 더 큰 의미로 다가온다.

'고난의 행군'으로 불리는 어려운 시기에 북한에서 정말 많은 사람이 죽었다. 당 지침에 충실한 교원일수록 많이 죽었지만 장사를 해서 돈을 가진 사람은 살아남았다. 탈북민은 중국에서도 늘 공안에 쫓겨 불안한 삶을 살았다. 길을 가다가 멀리서 제복을 입은 사람이 걸어오면 공안이 아니어도 덜컥 심장이 내려앉아 재빨리 오던 길로 돌아갔다. 그런데 돈이 있으면 공안 앞을 자연스럽게 지나갔다. 잡혀도 돈이 나를 살릴 수 있을 것이라고 믿기 때문에 자신감이 생기고 마음이 든든했기 때문이다.

돈이란 존재는 고난의 행군을 겪은 북한 사람들에게 수령님보다 더 큰 존재로 느껴졌을 것이다. 그리고 탈북민들에게 돈은 자유이자 존재를 보장하는 가장 좋은 수단이 된다.

남한에 아는 사람 한 명도 없는 탈북민들이 가장 많이 듣는 말은 "돈 벌어라"이다. 처음 임대 아파트를 배정받고 얼마 지나지 않아서도 사방팔방에서 이런 소리가 들려온다. 숨 좀 돌리고 적응할 때쯤이면 각종 관리비와 공과금 용지가 날아온다. 굳이 말로 하지 않아도 이미 모든 사회가 "너 자유롭고 싶어? 그럼 돈 벌어"라고 외치고 있는 듯하다.

2. 통일과 다단계

남한의 크리스천들은 통일에 대한 막연한 이상이 있다.

통일이 되면 바로 북한에 교회를 세워 북한 사람들을 불러 모아 예배를 드린다는 환상이다.

북한 선교에 열정을 품고 있는 한 대형교회는 북한 지도를 펼쳐놓고 1남선교회는 평양에 3개, 2남선교회는 함북 청진에 2개의 교회를 세운다는 식으로 구체적인 건립 계획까지 세워 기금을 모으고 있다.

통일이 되면 바로 북한에 넘어가서 남한에서 교회를 개척하듯이 물량 공세를 취하면 양적으로 큰 부흥이 이루어지리라 믿는 것이다. 마치 미국 서부 개척시대에 말 달려서 먼저 깃발 꽂은 사람이 그 땅을 차지했듯이 북한이 열리면 모든 것이 해결된다고 생각하기 때문에 지금도 북한을 열어달라고만 기도하는데 이는 아주 큰 착각이다.

현실적으로 북한의 문이 열리면 누가 제일 먼저 북한으로 건너가 주민들의 삶 깊숙한 곳에 복음의 깃발을 꽂게 될까?

남한의 천만 크리스천들이 북한 주민의 삶에 들어가서 신앙의 깃발을 꽂을 수 있을까?

안타깝게도 북한 주민의 마음을 가장 먼저 사로잡는 것은 크리스천이 아니라 고수익을 약속하는 다단계업자와 금융 사기꾼들일 것이다.

이것은 단순한 추측이 아니라 20여 년간 탈북민들과 같이 생활하면서 겪은 경험에서 나온 통계의 결과다.

국정원 평화교회에서 탈북민 선교를 할 때 하나원 136기부터 200기까지 맡았었다. 그 사이 만난 탈북민의 숫자는 적어도 5천 명이 넘는다. 국정원에서 조사를 마치고 하나원에서 적응 훈련을 끝내면 탈북민들은 남한 사회로 나간다. 그러나 얼마 지나지 않아 그들에게서 연락이 온다. 간단한 안부부터 북한에 머물고 있는 가족을 구출하는 등 여러 가지 문제도 있지만 나를 다단계에 가입시키기 위해 연락한 경우도 많았다.

그들은 만나면 약속이라도 한 듯이 같은 말을 했다.

"목사님, 돈 없이 이렇게 고생하시는 것 이제 끝내셔야 해요. 저한테 좋은 사업이 있어요. 100만 원만 넣으면 500만 원을 만들어드릴게요."

이어서 챙겨 온 건강식품을 몇 개 보여주고, 피라미드 수익 구조를 열심히 설명을 하는 모습까지, 하나같이 똑같다. 아무리 사기라고 논리적으로 설득을 해도 다단계에 이미 현혹된 그들은 절대 내 말을 듣지 않는다. 다단계로 큰돈을 번 소수의 사례를 이미 확인했기 때문에 돈을 벌어야 한다는 신념과 맞물려 어떤 말도 들으려 하지 않는다. 몇 년이 지나 수천, 수억 원을 탕진하고 나서야 그때 "목사님 말을 들을 걸 그랬다"라며 후회하는 사람도 많았다.

하나원 기수마다 다단계에 빠지는 사람이 있었다.

한 기수를 평균 100명으로 잡으면 다단계에 빠지는 사람은 한 명이지만 그 한 명을 통해 그 기수 중 20명 이상은 다단계에 발을 들여놓게 된다. 대한민국 국민이 다단계에 빠지는 비율과 비교할 때 이것은 어마어마한 숫자다.

왜 탈북민들은 남한 사람보다 다단계 사기에 많이 당할까?

첫째는, 북한의 공동체 문화 때문이다.

남한에 비해서 북한은 공동체 의식이 더 강하다.

특히 낯선 남한 사회에서 같은 탈북민이라는 사실 하나만으로 동질감이 생기는데 하나원에서 함께 교육까지 받으면 유대감이 돈독해질 수밖에 없다. 1대1 인맥을 통해서 확장하는 다단계의 사업 방식은 이런 탈북민의 정서에 정확히 맞아떨어진다.

둘째는, 탈북민 내면에 자리 잡은 상처와 자본주의에 대한 환상 때문이다.

탈북민 중에는 북한에 있을 때도 남한 드라마를 보며 화려한 생활을 꿈꾸던 사람들이 많다. 드라마의 인물들과 삶의 모습은 대부분 남한 부유층의 모습이기 때문에 탈북 후 남한에 잘 정착해도 북한에서부터 그리워하던 삶의 모습은 펼쳐지지 않는다. 대부분의 탈북민들은 한국에만 도착하면 드라마처럼 살아갈 수 있다고 착각하고 있지만 자신에게 주어진 것은 10평 남짓한 임대 아파트와 영세민 신분이 전부다. 그때 이런 심정을 어떻게 알았는지 누군가 다가와 달콤하게 속삭인다.

"자본주의에서는 노동만 해서는 돈을 못 번다. 내가 좋은 투자처를 알려주겠다."

이 말에 넘어가면 다음 단계가 진행된다.

다단계로 큰돈을 번 사람이 여는 세미나에 사람을 잔뜩 모아놓고 이성적으로 따지면 말도 안 되는 수학적 계산법으로 "무조건 성공할 수 있다"라고 사탕발림을 해댄다.

공장에서 몇 달은 일해야 받을 수 있는 큰돈이 몇 분 만에 통장에 입금되는 것을 눈으로 확인한 탈북민은 더 이상 아무것도 보이지 않고, 들리지 않는다. 이내 전 재산을 털고 심지어 빚까지 내서 다단계를 시작한다.

남한 사람은 북한 사람에 비해 상대적으로 소심하고, 이해타산적이다.

그래서 투자도 처음에는 소심하게 한다. 큰돈을 잃고 이성이 마비되면 모를까 대부분 처음에는 여윳돈으로 작게 시작한다. 그러나 북한 사람은 그렇지 않다. 처음부터 최대한 크게 한다. 자신이 동원할 수 있는 모든 돈을 투자하고 주변 사람까지 설득한다. 그러다가 전 재산을 잃은 탈북민이 너무나 많다. 다단계에 빠진 사람이 10명이라면 5,6명은 금세 빈털터리가 된다.

구체적인 통계까지 확인하진 않았지만 탈북민과 오랜 시간을 지낸 내 경험으로 볼 때 탈북민 중 30% 정도는 다단계에 빠져 빈털터리가 된 것 같다. 인구 비율로 따져 보면 엄청 높은 수치다.

하나원에서 교육받을 때도 투자의 위험성을 미리 알려준다. 그런데도 탈북민들이 불나방처럼 죽을 자리를 보고 뛰어드는 것은 내면의 상처 때문이다.

사람은 살아갈 희망이 있을 때 체계적으로 계획을 세우고 합리적인 행동을 한다. 반대로 삶이 극한에 몰리면 요행에 모든 것을 건다. 사는 것이 모욕이요 고통이기 때문에 한탕을 노리고 도박을 한다.

현실에서 지금의 모든 상황을 역전시키고 설욕할 길이 보이지 않기 때문이다. 비참한 인생에서 더 잃을 것도 없고 어떻게든 지난날의 상처를 보상받고 싶은데 현실에서 만회할 방법이 보이지 않는다. 그래서 위험하다는 경고를 들었음에도 뭐에 홀린 듯 뛰어든다. 심지어는 전 재산을 한꺼번에 투자한다. '이미 여러 번 죽다 살았는데 무엇이 더 두렵단 말인가'라는 생각과 '희망이 없는 자는 두려움도 없다. 더 잃을 것이 없다'라는 생각으로 투자도 과감히 한다.

이처럼 인생의 절망 가운데 있는 탈북민들에게 마지막 희망은 복음밖에 없다.

물론 하루아침에 사람이 바뀌는 것은 아니다. 교회를 다녀도 희망 없는 사람처럼 행동하는 탈북민도 많다. 그러나 누군가 사랑이 무엇이고 복음이 무엇인지를 삶으로 보여준다면 마음의 원한과 고통이 서서히 녹아내리면서 새사람으로 변화될 복음의 씨앗이 자랄 것이다.

목숨 걸고 북한을 탈출한 탈북민의 변화에도 이렇게 공을 들여야 하는데 북한 선교는 오죽하겠는가. 절대 조급해서는 안 된다. 통일 전부터 꿈꿔오던 환상에만 매달려 무작정 북한 사람을 찾아가 예수만이 답이고 믿기만 하면 모든 문제가 해결된다고 백날 외쳐야 믿지 않는다. 이들은 복음을 교리가 아닌 삶으로 보여주기를 바라기 때문이다.

남한 성도들이 탈북민에게 교리를 앞세워 접근할 때 그들은 큰 거부감을 느낀다. 탈북민은 평생 김일성, 김정일의 교시를 외우고 살았으며 그 교시를 생명같이 여긴 사람들이다.

역사적인 식량난인 '고난의 행군'이 왔을 때 이 교시를 믿은 사람들은 다 죽었지만 교시를 어기고 장사하며 각자도생한 사람들은 살아남았다. 이 현상을 경험한 탈북민들의 마음속에는 '믿을 것은 나 자신밖에 없다. 돈만이 나를 살릴 수 있다'라는 새로운 믿음이 자리 잡았을 것이다.

이런 상황에 처한 그들에게 교리로 접근하면 "눈에 보이는 신인 김일성한테 속았는데 눈에 보이지도 않는 신을 믿으라고? 난 믿을 수가 없다"라는 당연한 반응이 돌아온다.

탈북민은 태어나면서부터 유물론 교육을 받으며 자랐다. 아무리 교회에서 성경을 강조하고 영원히 목마르지 않는 생수를 준다 해도 믿지 않는다. 보이지 않고 과학적이지 않기 때문이다. 그러나 돈은 확실하다. 탈북민들은 '돈은 눈에 보이는 천국을 만들어 주며 그동안 가난으로 인해 겪은 모든 상처를 치유해 준다'고 믿는다. 탈북민들에게 복음을 전하기 위해서는 그들의 돈에 대한 믿음을 이해해야만 한다. 크리스천이 교리가 아닌 삶으로 복음이 무엇인가를 보여주지 않으면 돈으로 가득 차 있는 탈북민들의 마음을 얻을 수가 없기 때문이다.

몇 만 명의 탈북민에게도 인내와 사랑으로 복음의 삶을 보여주지 못한다면 통일 후 크리스천이 북한 땅에서 영향력을 미칠 수 있을까? 복음보다는 다단계와 금융 사기꾼 같은 맘몬이 훨씬 더 큰 영향력을 끼칠 수도 있을 것이다.

우리는 "만수대에 있는 김일성, 김정은이라는 우상이 무너지게 해주세요"라고 기도하지만 막상 통일이 되면 맘몬이라는 보이지 않는 우상과 더 처절한 전쟁을 치러야 할 것이다.

3. 맘몬과 탈북민 사명자

한국 교회는 북한 복음화에 많은 관심을 갖고 대비를 하고 있다.

나름 준비도 하고 있다. 예전에는 '북한에 눈에 보이는 교회를 세우는 것이 선교'라고 생각해 자금을 준비했으나 지금은 이것이 얼마나 어리석은 일인지 깨닫고 돈에 국한된 선교에서 벗어나려고 노력하는 교회가 늘어나고 있어 참 다행이다.

어떤 교회에서는 탈북민 선교에서 돈 선교를 지양한다는 명목으로 북한 선교부 예산을 확 줄인다. 좋은 시도이지만 여기에는 맹점이 있다.

탈북민에게 생계비를 지원하거나 비싼 음식을 사주면 버릇이 나빠진다고 부정적으로 보는 이들도 많다. 그래서 예산도 줄이고 다른 시스템을 찾아 열심히 맘몬과의 싸움을 한다. 하지만 어쩐 일인지 시스템을 바꾼 후에는 탈북민이 거의 모이지 않는다.

반면 어떤 탈북민 교회는 깎을 예산이 없어서 탈북민 성도들에게 비싼 음식도 사주지 못하고 생계비도 주지 못한다. 그런데도 탈북민이 많이 모인다.

북한 선교를 위한 맘몬과의 싸움은 남한 교회가 처한 맘몬과의 싸움처럼 접근해서는 안 된다. 이렇게 접근하면 거의 실패한다. 돈을 써야 할 때와 아껴야 할 때의 절묘한 조화를 이루는 지혜가 필요하다.

한국 교회에 오랫동안 길들여진 사람은 이 조화점을 발견하기가 매우 어렵다. 이 조화점은 북한 사람들 편에 서서 그들의 마음과 생각과 문화를 이해해야만 발견할 수 있기 때문이다. 순수한 복음이 아니라 한국 교회 특유의 종교적인 문화와 시스템에 빠져 있다면 더 발견하기가 어렵다.

통일이 되고 북한이 개방되면 본격적인 선교는 '맘몬과의 전쟁의 맥'을 찾는데서 시작될 것이다. 북한의 맘몬은 남한의 맘몬과 차원이 다르다. 남한의 맘몬은 탐욕의 산물이지만 북한의 맘몬은 생존의 산물이다. 돈이 없어서 굶어 죽었고, 돈이 없어서 가족이 다른 나라에 팔려가는 일을 겪은 사람들이다. 이들에게 맘몬은 탐욕이 아니라 생존이요, 생명이다.

눈에 보이는 돈이 나의 생명을 살린다고 믿는 사람들, 그동안 신처럼 받들었던 수령도 버리고 돈 앞에 무릎을 꿇은 사람들에게 우리는 보이지도 않는 존재인 하나님을 믿게 만들어야 하는 사명을 받았다. 이들에게 보이지 않는 존재, 믿어봤자 현실적인 도움을 줄 것 같지 않은 예수님을 어떻게 전해야 할까?

지금 남한의 교회가 이 일을 감당할 수 있을까?

만약에 우리가 북한에 갈 수 없다면, 혹은 간다 해도 준비하고 교육할 시간이 오래 걸린다면, 어떻게 해야 할까?

영적으로 어둠의 땅인 북한을 앞으로도 방치해야 할까?

그 해답은 탈북민들에게 있기에 우리는 사명을 받은 탈북민들에게 집중해야 한다. **그렇다면 남한의 많고 많은 사명자들 중에 왜 하필 탈북민인가?**

첫째, 오랜 시간 자리를 지키며 하나님께 검증을 받았기 때문이다.

한국 교회는 회사처럼 운영되는 곳이 많다. 하나님이 선택한 사람인지 아닌지 보다는 좋은 이력과 사무 능력을 따지는 곳이 점점 많아지고 있다는 뜻이다. 사명이 없어도 있는 척 적당히 연기하고 좋은 이력을 증명하기만 하면 원하는 교회에서 일할 수 있다. 사명이 없어도 인맥으로 직업적인 목사를 할 수 있는 경우도 종종 볼 수 있다.

그런 면에서 탈북민 목회자는 기존 한국 교회와 완전한 대척점에 있다. 탈북민이나 북한 선교에 집중하는 교회가 드물어 받아주는 곳을 찾기보다는 '맨땅에 헤딩'하며 개척해야 한다. 힘들게 가더라도 제대로 된 설비나 기반이 갖추어진 곳이 없기에 야생에서 살아남아야 한다. 여기에 인맥도 없고 탈북민에 대한 주변 사람들의 편견까지 있다면 목사를 하기는 쉽지 않다.

탈북민이 목회를 하려면 하나님께 "살려달라"라고 매달

리는 것 밖에는 길이 없다.

'목사를 하면 힘든 노동을 하지 않고 말로 쉽게 돈을 벌 수 있다'라고 생각해 신학교에 입학한 탈북민도 있지만 환경이 녹록지 않기 때문에 중도에 탈락하는 사람들이 대부분이다. 이런 연단의 과정을 거쳐 결국에는 알짜배기 사명자만 남는다.

그렇게 남은 알곡 같은 사명자 중에도 중간에 고생을 견디지 못하고 돈 버는 길을 선택하는 경우도 많다. 평생 돈으로 상처받은 이들이 다시 가난하게 살아야 하는 목회의 길을 선택한다는 것은 정말 십자가를 지는 길이다. 이들은 자신이 사명자인걸 깨달았지만 그럼에도 어떻게든 교회를 떠나 돈 버는 길을 선택하려고 한다. 이는 '하나님은 자신이 선택한 사람을 절대 가만히 내버려 두지 않는다'는 사실을 알지 못하기 때문이다.

큰돈을 벌려고 야심 차게 시작한 사업이 망하고, 먹고살려고 시작한 작은 보따리 장사도 망한다. 결국 하나님께 돌아온 이들은 남한의 교회들이 하지 못하는 소외된 곳을 찾아가 영혼을 살리는 일, 살아있는 복음을 전하는 일을 훌륭히 해낸다. 이렇게 10년 이상 사명자의 자리를 지킨 탈북민은 검증의 시간을 보낸 것이다.

반면 한국에는 수만 명의 목회자가 있다.

이들 중에 정말 사명을 받아서 목회를 하는 분들도 있지만 그렇지 않는 사람들도 다수다. 단순히 목회를 10년 이상 했다고 이들이 사명자라고 입증되는 것은 아니다. 왜냐면 남한의 기독교 집안으로써 교계에 어느 정도 인맥이 있는 가정의 자녀에게 목사의 길은 취업과 미래가 보장되는 매우 안정된 직업이라는 인식이 있다. 같은 또래의 사람들이 취업을 하기 위해서 엄청난 경쟁을 하는 것에 비하면 소위 기독교명문가정 출신의 자녀에게 신학교란 사회에서 치열한 삶을 살기보다 오히려 편안한 성공을 보장하는 꽃길이 될 수 있다. 그래서 한국 교회에서 목회를 하는 사람이 정말 사명감을 가지고 하나님께 검증을 받은 사람인지 직업적으로 목회의 길을 걷는 사람인지 분간하기는 매우 어려운 일이다.

사명감 없는 목사는 상처 입은 탈북민을 양육할 수 없다. 남한의 성도들은 거듭난 사람이든, 종교적으로 믿는 사람이든, 기독교 문화라는 틀 안에서 오랫동안 교회생활을 했기에 기본이 잡혀 있다. 교회 출석률도 좋고, 헌금도 정성껏 하지만 탈북민은 그렇지 않다. 탈북민 스스로 거듭남의 역사를 경험하지 않았다면 쉽게 종교를 믿지 않는다. 기독교 문화에도 익숙하지 않아서 남한 성도들이 '교회에 나가는 것'을 기준으로 생각해 접근하면 안 된다. 탈북민 한 사람에게 복음의 씨앗을 심고 결실이 맺게 돕는 것은 오랜 시간과 많은 희생이 요구된다. 때문에 복음에 대한 진정한 사명이 없으면 북한 선교를 위한 교회나 사명은 유지될 수 없다. 탈북민 교회에서 사명감 없이 직업으로 목회 활동은 한다는 것은 처음부터 불가능하다는 말이다.

둘째, 탈북민 사명자는 이미 맘몬과 처절한 싸움을 해봤기 때문이다.

사명을 받은 탈북민들도 돈 때문에 마음에 상처를 받은 상태다. 그러나 그들은 돈의 노예로 살지 않는다. 하나님이 그렇게 살도록 내버려 두지 않기 때문이다.

탈북민 사명자는 아무리 돈에 상처를 받아도 교회를 돈벌이 수단으로 삼지 않는다. 돈을 벌려는 사람은 교회를 뛰쳐나가 다른 일을 하지, 교회 안에서 큰돈을 벌 수 있다는 생각은 하지 않는다. 돈이란 세상에서 버는 것이라고 생각하기 때문이다. 교회에서 큰 지위를 얻어 돈을 번다는 개념은 문화적 차이 때문인지 쉽게 생각하지 못한다. 번영 신학을 믿는 한국의 직업적인 목사들 중에는 교회 내에서 돈을 버는 것도 하나님의 축복이라 생각하기 때문에 큰 액수의 강연료, 사례비, 퇴직금을 요구한다.

경제적인 어려움으로 고생하는 것을 내 모습을 본 탈북민들은 "돈도 되지 않는 목사는 왜 하나요? 아는 분 중에 사업하는 분이 있는데 그분께 부탁해서 월급 많이 주는 일자리 소개해 드릴게요"라고 한다.

반면 "목사님, 나중에 교회 부흥되면 부자 될 수 있으니 그때까지 참고 인내하세요"라고 말하는 탈북민은 한 명도 없다.

한국에는 대기업 임원 부럽지 않게 돈을 잘 버는 목사님도 더러있다. 하지만 탈북민들은 그런 개념을 이해하지 못한다. 이렇기 때문에 거듭난 탈북민 사명자는 누구보다 강력한 주님의 군사로 준비된 것이다.

그들은 돈이 없어서 생명의 위험을 느껴봤고, 돈 때문에 가족을 잃어봤고, 돈의 소중함과 위력을 체험했다. 그럼에도 하나님이 주신 수많은 연단을 통해서 훈련받으며 돈에 대한 유혹과 어려움들을 극복했기에 누구보다 강력한 사람들이다. 일반적인 한국인 성도가 탈북민 목회자를 볼 때는 거칠거나, 때로는 하나님을 안 믿는 사람처럼 보일 수 있다. 그럼에도 그는 이미 모진 세월을 통해서 하나님께 검증받은 준비된 군사이다. 나는 '하나님께서 북한의 불쌍한 영혼들에게 보내기 위해 탈북민 사명자들을 손수 예비하셨다'고 생각한다. 탈북민 사명자들은 이미 맘몬과 처절하게 싸운 경험이 있기 때문에 북한 주민들의 마음과 생각을 맘몬으로부터 끌어내 복음으로 인도할 것이라고 믿는다.

3장

찬양과 설교를 소비하다

I. 순교자의 방황

북한에서 목숨을 걸고 신앙을 지켰던 지하 성도들도 남
한에 오면 신앙적으로 많은 방황을 한다. 이들 중에는 선조
가 일제시대 때 신사참배를 거부해 순교한 믿음의 유산을
이어받아 교화소에 끌려가서도 신앙을 지키다가 탈북한
사람도 있다. 또 어린 나이에 탈북해 중국에서 신앙을 접
했고 북송 후에도 죽음을 각오하며 믿음을 지켜낸 이들도
있다.

남한에 오기 전까지 그들의 소원은 한 가지였다.

많은 교회가 있는 남한에서 하나님께 자유롭게 예배를 드리는 것이었다. 교회에서 그동안 숨죽이며 부르지 못했던 찬송을 마음껏 부르고, 눈물의 기도를 한없이 쏟아내고 싶었다. 또 성도들과 어울려 자유롭게 교제하고도 싶었다.

이들은 이 한 가지 소망을 가슴에 품은 채 목숨을 걸고 북한을 탈출했다. 그런데 도착해보니 생각했던 것과 달랐다. 북한에서 모진 박해를 견디며 신앙을 지킨 이들이 남한에 와서 신앙적으로 방황을 한다. 한 교회에 정착하지 못하고 이곳저곳 수많은 교회를 떠돌다가 상처를 입고는 급기야 이단에까지 흘러가 영적으로 혼란스러워한다.

남한에 와서 그들의 신앙에 문제가 생긴 것일까?

아니다. 그들은 남한에 와서도 기도를 쉬지 않는다.

그렇다면 생활에 문제가 생긴 것일까?

그렇지 않다.

이미 영적으로 많이 단련되었기 때문에 기도를 통해서 자신뿐 아니라 남한의 성도들을 위해서도 기도하는 사람들이다.

나는 사역자임에도 영적으로 침체되고 낙담할 때가 많다.

암흑 속에서 신앙이 길을 잃은 것처럼 길을 찾지 못하고 헤맬 때 지하 교회 성도로부터 갑자기 연락이 왔다.

"요즘 어떻게 지내십니까? 목사님을 위해 기도하고 있는

데 갑자기 말씀이 떠올라서 전화드렸습니다."

그때마다 이들이 전해주는 말씀은 나의 영적인 상황에 가장 필요한 말씀이었다. 그분들은 감성적인 위로가 아닌 직설적인 메시지와 말씀으로 영적 생명을 일깨워준다. 그럼에도 한국 교회에 정착하는 것은 매우 힘들어한다.

북한에서 한국 교회사에서 크게 이름을 남긴 한 목사님의 손자가 있었다.

신앙을 지켜오던 손자는 북한에서 순교를 당했다.

남편의 순교에도 더욱 꿋꿋하게 신앙을 지키던 아내는 모진 박해를 견디다 못해 탈북했다. 이런 분도 한국 교회에 적응하는 것을 어려워했다.

북한 지하 교회 성도로 탈북 후 한국에서 신학교에 들어간 한 청년도 한국에서 사역하기보다 해외에서 시작하고 싶다고 했다. 한국의 교회 문화에 적응하기가 너무 힘들다는 것이 이유였다.

현재 한국 교회는 많은 성장을 이루었고, 크리스천 중에는 대한민국에서 주류를 이루는 이들도 많다. 이처럼 북한에서도 목숨을 걸고 신앙을 지켰던 이들이 종교의 자유가 있고, 기독교가 주류인 한국에서는 왜 교회에 적응하는 것을 힘들어하는 것일까?

2. 한국 교회의 주류 정신(유교주의와 회사주의)

유교주의와 회사주의는 한국 교회를 떠받드는 거대한 정신이다.

나는 한국에서도 유교문화가 가장 많이 발전한 안동에서 태어나고 자랐다. 기독교 사상과 유교의 사상은 매우 이질적인데도 불구하고 나는 처음 교회에 갔을 때 낯설지 않았다. 은혜라든가 사랑이라든가 하는 기독교적 용어를 많이 쓰지만 교인들을 움직이게 하는 정신은 유교였던 것이다. 내가 생각하기에 교회 질서, 운영, 예배 형식뿐 아니라 목회자와 장로, 그리고 일반 교인들 사이의 관계나 사적인 모임 등 세세한 생활을 지배하는 것은 기독교 정신보다는 유교정신이었다.

이후 소명을 받아 신학교를 졸업한 후 현장 사역을 하게 됐다.

사역자로서 교회에 갔을 때 교회를 움직이는 또 다른 원리를 깨달았다.

회사정신이었다. 사람 낚는 어부를 꿈꾸며 교회에 들어갔는데 살아남기 위해서는 사역자보다 회사원처럼 생활해야 했다.

이 두 정신은 관료화되어 한국 사람들을 대상으로 목회

하는데 큰 문제는 없다. 한국 교회가 설정해놓은 유교적 전통은 젊은 사역자들을 중심으로 새롭게 자리 잡았기 때문이다. 한국 교회에서 목회를 잘하려면 교회의 전통을 지키면서 젊은 사람들의 유행에 발 빠르게 대응해야 한다.

사지에서 목숨을 걸고 신앙을 지킨 지하 교회 성도들은 이런 모습을 어떻게 바라볼까?

교회는 미제국주의 앞잡이요, 침략의 원흉이라고 세뇌 교육을 받은 북한 사람들은 지금의 한국 교회를 처음 접했을 때 어떤 반응을 보일까?

가슴에 온갖 상처를 안고 교회에 온 탈북민들은 한국 교회의 문화를 어떻게 받아들일까?

이 난제를 해결하기 위해서는 한국의 교회 문화와 북한 사람들의 문화가 구체적으로 어떻게 충돌하고 이러한 과정에서 탈북민들이 어떤 상처를 받는지를 알아야 한다. 그래야만 이러한 어려움을 극복하기 위해서 어떤 교회 모델이 필요한 지를 알 수 있다.

(1) 한국 교회와 유교주의

국내의 한 교회에서 북한 선교부를 맡은 적이 있다.

탈북민 심방을 주로 맡았는데 한국 사람들이 하는 형식적인 심방을 생각하면 안 된다. 탈북민 심방은 수시로 자주 만나야 하고, 같이 밥을 먹으면서 마음을 열고 가족과 같은 깊은 교제를 해야 한다. 당연히 한 사람당 많은 시간이 소요된다.

이 이야기는 특별한 경우이지만, 참고해야 해서 말한다.

심방을 시작한 지 10분 정도 지났을 때 교회에서 사역자 소집 명령이 떨어졌다. 차로 1시간 30분이나 걸리는 거리를 영혼을 살리기 위해 왔지만 급하다는 말에 다시 교회로 돌아갔다. 교회에 도착한 뒤 그 급하다는 이유가 무엇인지 듣고는 기가 찰 수밖에 없었다.

담임목사님이 큰 행사에서 설교를 하는데 부교역자들이 그 앞에서 대기하고 있어야 한다는 것이었다.

30분을 기다리니 담임목사님이 행사를 마치고 나오셨다. 나를 포함한 부교역자들은 일렬로 서서 기다리다가 담임목사님에게 얼굴도장을 찍고 나서야 해산 명령을 받았다. 그게 급한 일의 전부였다.

유교주의의 본질은 체면과 위계질서다.

한국 교회의 정신은 이러한 유교적 봉건질서가 지배하고 있다. 오직 복음을 외치는 교회가 특정인에게 교회를 물려주기 위해 수단과 방법을 가리지 않는 경우도 벌어진다.

이런 봉건적 질서가 탈북민에게 낯선 것은 아니다. 북한도 유교적 봉건질서에 의해 움직이고 있기 때문이다. 유교적 봉건질서 속에서 교회를 사유화하고, 어떤 교회는 아들에게 세습하는 일이 종종 일어난다. 세습이라는 것은 현대 민주 사회에서 부정적인 이미지가 강하지만 김일성 체제의 봉건적 세습을 경험한 탈북민에게는 별 관심사가 아니다.

탈북민들은 선교를 전도 사업으로 생각하고 교회를 사업체 비슷한 것으로 생각한다.

유물론적 세계관에 빠져 있는 북한 사람들은 '한국 사람들은 어떤 이익이 있기에 선교한다'고 생각하기에 교회를 일종의 사업체로 본다. 교회 세습도 아버지가 이룬 사업을 아들에게 물려준다는 정도로 생각한다.

교회가 그리스도의 몸이 아니라 이익을 얻는 것이 목적인 사업체라면 그러한 생각은 타당할지도 모른다. 이러한 유교적 유산은 주로 연령대가 높은 교회에서 주로 나타나는 현상이다. 그분들은 그런 시대를 살았고, 그런 생각을 가지고 있기 때문이다.

중국에서 자본주의를 충분히 겪지 않고 바로 한국에 도착한 탈북민 중에는 전통적인 유교적 사고방식을 가진 사람이 많다. 20대의 북한 청년은 한국의 20대 보다 50-60대 사람들과 생각이 더 잘 통한다.

태국에서 탈북민 사역을 할 때(이곳의 탈북민은 북한을 탈출하여 난민 신분으로 미국 입국을 위해 태국에서 임시로 보호받고 있었다) 쉼터에 있던 탈북민에게 김치찌개를 대접하려고 부엌에 들어갔다가 20대 탈북민 여성들에게 "남자가 부엌에 들어오면 좁쌀 소리 듣는다"라며 단칼에 쫓겨난 적이 있다. 하루는 같이 장을 보러 갔는데 짐이 너무 무거워 보여 내가 대신 들었는데 들자마자 다시 장바구니를 빼앗더니 "남자가 이런 것을 들면 안 된다"라며 자기들끼리 나눠들었다.

한국의 남녀관계와 가족 문화에는 서구의 페미니즘적 사고방식이 많은 영향을 미치고 있지만 북한의 여성들은 아직까지 전통적이고 봉건적인 문화에 익숙한 듯하다. 물론 고난의 행군을 거치면서 이러한 의식이 많이 무너지고 이혼율도 높아졌지만 가정에서의 역할 분담이나 질서는 봉건적, 유교적 정서가 아직도 지배적인 것 같다.

그렇다면 한 가지 의문이 들 수도 있다.

'북한 사람들에게 익숙한 교회의 유교적 질서가 왜 북한 선교에 오히려 걸림돌이 되는가?'라는 것이다.

이유는, 유교적 질서는 그 이면에 억압을 내포하고 있기 때문이다.

사람은 상처를 받으면 트라우마가 생긴다. 탈북민들은 통제와 억압에 대한 트라우마가 있다. 누군가 불필요하게 자신을 통제하거나 거대한 질서 속에 가둔다는 생각이 들면 더 예민하게 반응한다. 억압에 대한 트라우마가 있기 때문에 한국에서 자유를 맛본 그들은 한국 사람보다 더 자유롭게 행동한다.

예를 들면 한국에서 담임목사와 부목사, 전도사들이 함께 뷔페에 갔다고 생각해보자. 맛난 음식은 많지만 부목사와 전도사들은 담임목사와 같이 식사하는 것을 매우 불편해 한다. 자신이 가져온 접시의 음식이 비었어도 담임목사의 눈치를 보면서 음식을 가져오고 눈치를 보며 식사를 한다. 그러나 탈북민 목회자들의 모임은 완전히 반대되는 분위기다. 그들은 계급을 나눠서 불편한 분위기를 만드는 것을 본능적으로 싫어한다.

한 번은 이런저런 탈북민 목회자들이 모여서 뷔페에 간 적이 있었는데 당시 연합회 회장인 심주일 목사님의 기도가 끝나자마자 나이도 새파랗게 어린 전도사가 "목사님 기도가 왜 이렇게 깁니까? 먼저 식사하러 가겠습니다"라며 음식을 가지러 갔다. 그럼에도 전도사가 먼저 먹는다고 "버릇없다" 말하거나 눈치를 주는 사람은 한 명도 없었다. 심 목사님도 농담 한 마디 던지고는 편하게 식사를 했다.

솔직하고 성격의 북한 사람들은 한국 사람들이 마음에도 없는 칭찬을 하거나 감정을 숨기고 자신을 좋게 꾸미려는 등의 행동들을 매우 답답해한다.
한국 사람들은 친절하고, 억지로라도 좋은 관계를 유지

하려고 애쓰지만 탈북민은 마음에도 없는 억지 친절은 절대로 하지 않는다. 처음 본 사람이 친절을 베풀면 오히려 경계를 한다. '나를 이용하려고 친절을 베푸는 것이 아닌가?'라는 생각 때문이다. 여성들이 서로 만났을 때 행하는 과도한 칭찬도 매우 부담스러워한다. 서로 거짓말을 하고 있다고 생각하기 때문이다.

한국 사람의 친절은 자신의 이익을 해치지 않는 선에서만 가능하지, 만약 자신에게 조금이라도 해가 되는 일이 발생하면 순식간에 싸늘하게 변한다는 것도 안다. 그래서 절대로 친절한 행동에는 마음의 문을 열지 않는다. 대신 오랫동안 지켜봐 신의가 있는 사람인지 확인한 뒤에야 마음을 열고 진정한 우정을 나눈다. 반면에 한국 사람들은 자신의 친절에 대해 경계하고 마음의 문을 열지 않는 탈북민을 어려워한다.

한국 교회에는 복음의 본질과는 상관이 없지만 반드시 지켜야 하는 보이지 않는 굴레가 있다.

오랫동안 같은 문화에서 신앙생활을 한 교인들은 잘 모르지만 외부에서 들어온 사람이라면 본능적으로 '무언가 옭아매려는 느낌'을 갖는다. 탈북민들도 이런 분위기를 직감적으로 느끼고 매우 답답해한다.

한 번은 꽃제비를 하다가 한국에 온 청년을 교회에 데려다 놓았더니 몇 주 뒤 이런 말을 했다.

"교회가 노동당과 같다."

복음의 본질과는 관계가 없음에도 교인들로부터 이렇게 저렇게 행동해야 한다는 걸 은연중에 강요받는다는 뜻이었다. 이런 것에 얽매이지 않은 자연적이고 직설적인 행동은 기성 교인들에게 매우 위험한 행동으로 여겨지기 때문에 탈북민들은 교회에서 배척되는 경우가 많다.

또한 유교적 정신이 지배하는 교회는 서열을 매우 중시한다.

목사 간의 서열, 장로 간의 서열, 성도 간의 서열을 알게 모르게 강조하기 때문에 탈북민들의 거침없고 직설적인 행동에 대해 '다듬어져야 하고 교육받아야 하는 대상'으로 여긴다. 이런 교회에서는 탈북민이 우리와 동등한 성도나 동료가 아니라 가르침을 받아야 하는 대상이다. 이러한 유교적 위계질서와 억압구조가 팽배한 교회에서 탈북민들은 본능적으로 모멸감과 억압감을 느끼고 교회를 떠난다. 복음의 자유를 주어야 하는 교회가 오히려 복음도 아닌 것들로 인해 탈북민의 영혼을 억압하는 것이다.

(2) 회사화된 교회 - 찬양과 설교를 소비하다

한국의 교회는 크게 두 부류로 나뉜다.

중장년층이 많고 오랜 전통이 있는 교회와 청년층이 많고 급격히 성장한 교회다.

전통이 있는 교회는 유교적 가치관으로 운영되는 경우가 많다. 반면 청년들이 많은 교회는 대체로 활기차고 자유롭다. 예배도 엄숙하기보다는 콘서트를 방불케 할 정도로 최신 트렌드의 가스펠을 수준 높게 부른다.

지금까지는 탈북민들이 기존의 전통적인 교회에서만 적응하기 힘들었다고 생각할 수 있다. 그런데 내가 경험해 보니 이들은 청년들이 많은 자유분방한 교회에서도 적응이 어려웠다. 심지어는 청년들도 적응하는 것을 힘들어했다.

북한에 있을 때 장마당에 나온 알판(CD와 DVD)을 몰래 돌려보며 남한에서 80년대 유행했던 노래를 부르며 놀기 좋아했던 탈북민도 교회에 와서는 옛날 곡조의 찬송가를 좋아하지 최신 트렌드의 가스펠에 공감하는 것을 힘들어했다.

도대체 이유가 뭘까?

탈북민은 나이와 상관없이 대부분 인생의 좌절과 쓴맛을 본 사람들이다. 남한에 와서도 견디기 힘든 짐을 이고 하루하루를 견디는 사람들이다. 매일 삶과 죽음의 경계선에서 자신의 존재를 의심하고 고민하는 사람들에게 세상 노래와 비슷하고 유행을 타는 가스펠은 내면을 만져주지 못한다.

청소년도 마찬가지다.

전 세계 대부분의 청소년이 아이돌 그룹에 열광하고 연예인의 팬이 되는 것과 달리 탈북한 청소년은 이와 같은 문화에 공감하지 않는다. 냉혹한 현실에서 살았기에 철이 빨리 들고, 또래의 학생들보다 정신적으로 더 성숙하다.

이런 탈북민의 심정을 어루만져 주는 노래는 오랜 세월 변하지 않고 인생의 고뇌와 삶의 진실을 전해주는 전통적인 찬송가뿐이다. 찬송가는 곡조는 단순하지만 가사 한 구절 한 구절이 인생의 거친 파도를 겪은 믿음의 선배들의 신앙 고백을 담고 있기에 사람으로부터는 위로받을 수 없는 탈북민의 마음을 위로하고 보이지 않는 하나님의 존재를 느끼게 한다.

탈북민은 커다란 무대, 멋진 화음, 화려한 조명을 원치 않는다. 많은 군중들이 열광하는 분위기도 원치 않고 수준 높은 음악성도 원치 않는다. 그들이 원하는 것은 투박할지라도 진실한 영혼을 어루만지는 곡조와 노랫말이다.

탈북민의 대다수는 국정원에서 여는 종교 행사를 통해 처음 기독교를 접한다.

이 예배에서는 마이크도 사용할 수 없고, 어떤 음향 장비도 없다. 반주도 없이 노래를 부르고, 처음 부르는 곡이라 음정이나 박자도 각자 다르다. 그런데도 마음을 만져주는 찬송가가 나오면 기독교를 처음 접하고, 평생 유물론에 사로잡혀 살아온 사람들의 눈에서 눈물이 흐르고 목이 터지도록 소리를 지른다. 아름다운 목소리를 내기 위한 노래가 아닌 영혼의 목마름을 채우기 위해 터져 나오는 외침이다. 그들을 사로잡았던 흑암의 존재를 이겨내고 아버지를 처음으로 마주하는 만남의 노래다. 기독교가 뭔지도 모르고 예배 의식이 뭔지도 모르지만 그들의 영혼은 이미 하나님의 존재를 알고 또 영접하게 된다.

진리를 만나면 아무리 오래 잠들어 있던 영혼도 즉각 깨어나 춤을 춘다. 아무것도 없지만 은혜가 충만했던 이때의 예배 경험을 그들은 평생 잊지 못하고 살아간다.

기도 역시 마찬가지다.

하나원에서 새벽 기도를 드릴 때도 성경에 나오는 죄를 용서받은 세리처럼, 예수님 앞에 옥합을 깨뜨린 죄 많은 여인처럼, 탈북민은 울부짖는다. 아름다운 미사여구를 붙여서 드리는 기도가 아니라 울음에 가까울 뿐이다. 울고 싶어 우는 것이 아니라 그들의 영혼이 울기 때문에 어쩔 수 없이 통곡을 한다.

탈북민은 투박하지만 진실하기에 상업적 요소가 지배하는 화려한 교회에 가면 매우 힘들어한다. 마치 대중 가요처럼 불리는 최신 트렌드의 곡조, 화려한 조명과 무대 디자인 등. 한국 성도들의 귀와 시각이 매우 까다롭기 때문이다. 진리만을 갈구해야 할 예배 시간에도 한국 성도들은 음향

기기에서 들려오는 작은 잡음, 대형 스크린의 색과 톤에도 매우 예민하게 반응한다.

대부분의 교회 목회자들은 사역의 부수적인 요소들을 주제로 회의하고 연구한다.

"하나님께 성도들이 진실 되게 나아갈 수 있는 깊은 기도를 어떻게 드리게 할 것인가? 영혼을 살리는 순수한 말씀을 어떻게 전할 수 있는가?"와 같은 주제를 위해 모이는 경우는 거의 없다.

"어떻게 해야 사람들이 많이 모일까?"

"성도들이 어떤 시스템을 좋아할까?"

"어떤 프로그램과 무대 효과를 써야 할까?"

이런 것을 준비하는데 사역의 절반 이상을 보낸다.

이는 사람이 많이 모여야 성공한 교회 같고, 사람들이 울어야 성공한 찬양 집회로 여겨지기 때문이다. 마치 물건이 잘 팔리고 매출이 올려야 하는 회사 같은 모습이라 안타깝다. 성도들의 감수성을 자극해 울게 하면 은혜를 받았다고 생각하기 때문에 어떤 목회자는 신학적 수사를 통해서 겉으로만 멋져 보이는 설교를 추구한다.

최신 트렌드의 찬양과 설교를 상품으로 내놓으면 성도들이 소비하고 평가한다. 입맛에 맞으면 "오늘 예배가 좋았다"라고 평가하고 헌금 액수도 올라간다. 많은 성도들이 예배를 통해 눈물을 흘리고 뛰면서 찬양하고 고백했지만 예배가 끝나면 다시 쳇바퀴 돌 듯하는 평소의 삶으로 돌아간다. 영혼이 변화하지 않기 때문이다.

탈북민들 중 일부는 선교사님을 통해 꾸밈이 없는 투박한 복음을 듣는다. 화려한 미사여구는 없지만 이 복음은 진리이며 진정한 자유를 준다는 것을 그들은 직감적으로 느낀다.

꿈에 그리던 대한민국에 왔지만 모든 환경이 낯설고 외로울 뿐이다. 이럴 때 선교지에서 만났던 하나님이 그리워 교회에 간다. 모든 것이 풍족하고 자유와 안전이 보장된 대한민국이지만 여기서 주님을 만난다는 것은 너무나 어렵다. 찾아간 교회는 최첨단 시설로 꾸민 매우 화려한 곳이지만 하나님을 만날 수 없으니 덩그러니 이방인처럼 앉아있다 교회를 떠난다.

친절하게 다가오는 사람은 많지만 어딘가 이질적이다.

가볍게 관계는 맺을 수 있지만 내 아픔과 상처에 관심을 갖고 진심으로 이해해 줄 사람은 한 명도 없는 것 같다.

이런 근본적인 차이가 탈북민들이 오히려 남한에 와서 신앙생활을 하고 사명자로 성장하는데 큰 걸림돌이 된다.

탈북민 교회의 모델

1. 상처 입은 자의 안식처

집안 상황이 좋지 않아 가족은 지방으로 떠나고 나는 사역 때문에 전국을 떠돌아다닌 적이 있다.

방방곡곡을 다니며 묵을 곳이 필요할 때마다 탈북민 교회를 찾았다. 한국 교회에는 잠잘 곳이 드물어 신세를 질수 없지만 탈북민 출신 목회자 교회에는 누구든지 묵을 수 있는 곳이 있다.

대부분 개척교회다 보니 변변한 숙소가 있는 것은 아니다.

예배당의 악기랑 의자를 한쪽으로 치워두고 바닥에 이

불을 펴는 정도가 끝이다. 그래도 대부분 바로 옆에 부엌이 있고 언제든지 밥을 해먹을 수 있도록 쌀과 반찬도 마련되어 있다. 세면장과 세탁기도 쓸 수 있으니 갈 곳 없는 사람에게는 마음 편히 쉴 수 있는 안식처다. 탈북민 출신 목회자들은 오갈 데 없는 탈북민들에게 가장 필요한 것이 무엇인지 알고 있다.

그래서인지 내가 방문한 교회마다 집이 있음에도 교회에서 생활하는 탈북민 청년이 한 명씩은 있었다. 언젠가 한 청년에게 물어보니 "집과 교회가 가까운 거리지만 집보다는 교회 생활이 편하다"라고 했다. 그는 꽃제비 출신으로 혼자 탈북해 가족도 없고 여자친구나 먼 친척도 한 명 없는 그야말로 완전한 외톨이였다.

"교회는 시베리아 벌판보다 차갑고 외로운 내 인생에서 유일하게 따뜻함을 느끼게 해주는 담요 같은 곳이기에 가까운 곳에 멀쩡한 집이 있어도 교회에서 잠을 잔다"라고 했다.

북한에 선교를 목적으로 교회를 세우려고 한다면 모델은 무조건 가정이어야 한다. 절대 회사가 되어서는 안 된다. 회사가 추구하는 제1의 가치는 효율성이다. 가장 최소의 투자로 최대의 결과를 얻어야 한다. 이 효율성을 교회에 접목하면 교회에 사람을 채우는 방안만을 연구하게 될 것이다.

그 대표적인 예가 지원금을 통해 성도를 모으는 선교다.

유물론적 사고방식을 가지고 있고, 기독교는 제국주의 침략의 앞잡이라는 교육을 받은 탈북민을 선교하는 것은 매우 어려운 일이다. 탈북민 선교는 아프리카의 원주민들에게 복음을 전하는 것과는 다른 문제다. 제3세계를 비롯한 몇몇 나라들은 한국의 부흥기 때처럼 마을에 교회와 학교만 세워주면 우르르 몰려들어 함께 찬양하고 예배하는 부흥의 역사가 자주 일어난다.

하지만 탈북민 선교는 그렇지 않다.

교회를 세우고 찬양 집회를 한다고 해도 사람들이 모이지 않는다. 철저히 1대1로 만나서 서로 간에 깊은 신뢰가 쌓여야 그제서야 마음의 문을 열고 예배당에 나온다.

한국 교회는 빠른 성과를 원한다.

단기간에 많은 탈북민들을 불러 모아서 교회에 등록시켜 통계가 풍성해지면 선교를 성공했다고 생각하는 교회가 있다. 이러한 성공을 위해 가장 빠른 길이 돈 선교이다(이 문제에 대해서는 후술).

그렇다면 구체적으로 가정교회란 무엇인가?

2. 가정교회의 정신(우리 교회 제일주의를 넘어서)

가정교회의 본질은 사랑이다.

이 사랑은 우리 교회가 최고라는 생각을 뛰어넘고 효율성 우선주의를 뛰어넘는다. 쉽게 설명하자면 다음과 같다.

한 개척교회가 탈북민 청년을 어렵게 전도해서 오랜 시간 힘들게 신앙적으로 양육했다. 청년은 대학에 진학해 꿈을 이루고 싶지만 가난 때문에 시도조차 할 수가 없다. 그런데 다른 교회로 옮긴다면 지원을 받아 청년이 원하는 일을 시작할 수 있다.

이 경우 개척 교회 목사가 가정교회의 정신을 가지고 있다면 청년이 성장할 수 있도록 기쁘게 다른 교회로 보내준다. 개척 교회 목회자에게 한 명의 양은 더없이 소중하지만 청년의 성장을 위해서 보내주는 것이다.

가정교회의 목회자는 하나님이 맡겨주신 양들을 사랑하는 아들로 생각한다. 부모님이 자녀의 성장을 위해서라면 슬하를 떠나더라도 기도하고 응원하듯이 가정교회 정신을 가진 목회자는 키운 양의 성장을 위해서라면 설령 교회를 떠나더라도 응원하고 기도한다.

다른 교회로 가더라도 그가 힘들어할 때마다 찾아가서 돕고 자녀처럼 사랑하며 무슨 일이 있어도 포기하지 않는다. 이렇게 말이 아닌 행동하는 사랑을 체험한 청년은 기독교가 말하는 사랑의 본질을 알고 영혼이 변화된다.

반면 우리 교회가 최고라는 '우리 교회 제일주의'에 사로잡힌 목회자라면 양육하던 탈북민 성도가 사정상 다른 교회로 옮겨가면 바로 관계를 정리한다. 떠난 성도가 여러 어려움에 빠져서 도움을 요청하면 교회에 출석하는 조건으로 도움을 줄 것이다. 이렇게 되면 도움을 받으려고 어쩔 수 없이 다시 돌아온다 해도 청년의 마음의 문은 열리지 않을 것이다. 이제 청년에게 교회란, 이익을 위해 고객을 끌어들이는 하나의 사업체로 여겨지기 때문이다.

북한 선교의 원리는 사실 복잡한 것이 아니다. 내 교회의 성장이 아니라 오직 주님이 기뻐하시는 일인 영혼 살리기에 집중하는 것, 상급은 오직 주님께 받겠다는 생각만 있으면 저절로 이루어진다.

3. 기다림의 사랑

탈북민 선교의 시작과 끝은 기다림이다.

아기 성장하기를 기다리는 부모의 마음으로 탈북민 한 사람 한 사람을 자녀처럼 소중히 여기며 자라나기를 기다려야 한다. 전도도 조건 없이 사랑을 베풀면서 기다려야 한다. 사람들은 새 신자가 어떻게든 빨리 교회에 등록하기를 원한다. 등록을 해야 통계적으로 정식 교인이 되기 때문이다.

탈북민에게 교회 등록은 '소속되어 보이지 않는 통제를 받아야 한다'는 의미이기에 매우 부담스러운 일이다. 그렇다고 탈북민을 등록을 시키지 말라는 뜻이 아니다. 탈북민이 소속감을 가지고 교회에 완전하게 정착하기 위해서는 새 신자 등록은 필수적이다. 다만 처음부터 등록을 요구하면서 부담을 줘서는 안된다는 이야기다. 탈북민 스스로가 마음의 문을 열고 '이곳에 둥지를 틀고 싶다'라는 마음이 들 때까지 기다려야 한다.

많은 한국인 사역자뿐 아니라 일부 탈북민 목회자도 이 부분을 놓쳐 아쉬워하는 경우를 많이 보았다. 일반적인 한국 교회처럼 무리하게 등록시키려 하면 한 번 교회를 찾은 탈북민은 대부분 그날 이후 다시는 교회를 찾지 않는다.

사역을 하다 보면 여러 가지 이유로 교회를 떠나는 사람들이 참 많다.

탈북민은 그중에서도 상처가 가장 많은 사람이기 때문에 더욱 조심스럽다. 탈북민 마음에 자리 잡은 상처는 가시가 되어 자신뿐 아니라 주변 사람도 찌른다. 탈북민은 저마다 마음속에 가시를 품고 있기 때문에 아주 사소한 일에도 다툼이 일어난다. 이러한 다툼으로 교회를 떠나기도 하고, 심한 생활고로 돈을 벌기 위해 교회를 떠나는 탈북민들도 있다.

진정한 가정교회의 성도와 목회자라면 비록 그들이 교회

를 떠나도 여전히 그들을 나의 '아들이자 딸, 친구이자 형제자매로' 대해야 한다. 힘든 일이 생겨 낙심할 때 찾아가 맛난 것도 먹이고 이야기도 들어줘야 한다.

중요한 것은 일련의 행동들이 다시 교회로 부르려는 목적을 가지고 있어서는 안 된다는 사실이다. 나도 명절 때마다 교회에 선물이 들어오면 비록 그들이 교회를 떠났지만 조금씩이라도 찾아가서 챙겨준다. 그때 무슨 일이 있어도 교회 다시 나오라는 말은 하지 않는다. 그들이 걱정되어서 찾아간 것이기 때문에 근황을 묻고 가져간 물건만 건네주고 온다. 닫힌 마음의 문을 열기 위해서는 어떤 부담도 주어서는 안 된다. 다만 그 영혼이 주님을 만나서 참된 자유를 누리기를 늘 기도하며 기다린다. 이러한 기다림 속에 하나님의 때가 되었을 때 그들은 서서히 회복되어 스스로 예배의 자리를 찾아온다.

5장

북한 선교를 위한 핵심 매뉴얼

남한에 거주하는 탈북민의 수가 현재 3만 8천여 명을 넘어섰다고 한다.

이들을 돕기 위해 정부는 물론 교회와 각종 사회단체들이 경제적 지원과 정성을 쏟아 왔다. 눈에 보이는 재정적인 규모는 점점 커지고 있지만 투자만큼 탈북민들의 상처로 얼룩진 마음이 치유받지는 못하는 것 같다. 남한 사람의 탈북민들에 대한 전반적인 이해가 부족한 것이 가장 큰 원인이다.

탈북민들은 자신들이 경험한 마음의 상처와 한(恨)을 남한 사람들이 이해해 주지 못하는 것을 가장 안타까워한다.

최근 북한 선교에 대한 관심이 많아졌다. 하지만 아직도 많은 교회는 탈북민의 깊은 상처를 이해하고 그들에게 필요한 방식으로 나아가기보다는 한국식으로 선교를 하려다가 더 큰 상처를 주기도 한다.

아래의 지침들은 내가 수년 동안 탈북민 사역을 하면서 깨달은 북한 선교의 핵심가치를 간추린 내용이다. 간단하지만 선교 현장에서 깨달은 중요하고 필수적인 마음가짐이니 꼭 숙지해주기를 바라는 마음이다.

l. 명예욕을 버리자

한국 교회의 북한 선교가 어려움에 처한 가장 큰 원인 중 하나는 명예욕이다.

그동안 사회, 종교적으로 영향력이 있는 목사님 또는 명사들이 많은 자금을 들여 준비한 행사들을 많이 맡았다. 이런 행사들을 통해 탈북민들은 물질적으로 큰 도움을 받지만 그렇다고 해서 그들이 마음을 주지는 않는다.

큰 교회에서 탈북민을 위한 행사를 연다는 소식을 들은 탈북민들은 약속 장소로 가면서 서로 이런 대화도 나눈다.

"오늘 그 교회에선 얼마를 줄까?"

"그러게. 선물도 좋은 것으로 주면 좋겠는데….

참석한 탈북민들은 설교를 듣고 행사에 참석한 대가로 챙겨주는 선물과 봉투를 받아들고 나온다. 탈북민들 중에는 이런 행사에 참석할 때 '내게 도움을 주는 행사'로 받아들이지 '한국 성도들이 우리의 믿음을 위해 이렇게 노력하는구나'라며 감사한 마음을 갖지 않는 사람도 있다.

처음에는 돈과 선물을 주는 이런 행사에 참석한 것에 대해 고맙게 생각하지만 여러 번 참석하다 보면 행사를 여는 사람들의 속뜻을 알기 때문에 그다지 고마워하지 않을 수도 있다.

이런 말을 하는 탈북민도 있었다.

"한국 사람들이 탈북민을 돕겠다고 이런저런 행사를 하지만, 솔직하게 말하면 주최자들은 결국 자신의 이름을 알리려고 행사를 하는 거죠. 우리를 돕겠다는 명목으로 다른 곳에서 돈을 받았을 것이고, 우리를 돕는 명목으로 자신의 명예를 높이려는 거 아닌가요? 그들은 행사장 빈자리를 채워 줄 우리가 필요하고 우리는 그대가를 받은 것뿐인데 감사할 일이 없죠."

행사에 참석했다가 자리를 뜨는 탈북민들을 보며 주최측 역시 좋은 감정을 갖지는 않는다.

"탈북민은 도통 감사할 줄을 모른단 말이야."

돈만 쓰고 전도는 하지도 못하고, 오히려 남한 성도들과 탈북민들 사이만 나빠진다. 그러므로 탈북민 선교는 어떤 행사나 선교 활동을 통해서 자신의 이름을 나타내려고 해서는 절대로 안 된다.

탈북민들은 눈치가 매우 빠르다.

이들은 속마음을 표현하지는 않아도 누군가 순수한 마음으로 도와주려는 것인지, 자신의 이익을 위해 탈북민을 이용하려는 것인지 본능적으로 알아차린다.

탈북민들이나 북한 선교에 관심을 가진 사람이라면 이점을 명심해야 한다. 마음에 순수한 선교를 향한 목적이 아닌 다른 틈이 조금이라도 있다면 곧 한계를 느끼게 될 것이다.

탈북민 선교를 하기 전에 스스로를 돌아보고 "나는 인생을 어떻게 살다가 갈 것인가?"라는 생각을 정립해야 한다. 스스로 하나님의 종으로서 모든 명예를 포기할 수 있는 사람인지, 사랑을 베풀고자 하는 사명에 사로잡혀 하나님의 부르심에 순종할 수 있는 사람인지, 아무도 알아주지 않아도 그저 하나님만 바라보고 살아갈 수 있는 사람인지를 생각해봐야 한다.

"주님이 명령하셨기 때문에 전도도 하고 사랑한다"라는 마음으로 탈북민을진실하게 사랑하면 비록 콩 한 쪽을 들고 가도 그들은 마음을 열고 사랑을 받아들일 것이다.

2. 성과주의를 버리자

한국 교회가 탈북민 선교에 실패하는 두 번째 요인은 성과주의이다.

한국 교회 중에는 숫자를 좋아하는 교회가 있다.

"우리 교회 교인이 몇 명 등록했다."

"오늘 행사에 몇 명이 모인다."

한 사람을 입양하여 온갖 정성으로 길러내기 보다 많은 사람을 불러 모아 교세를 과시하는 의도도 있어 보인다. 그리고 이것을 성공적인 선교의 척도로 삼는다. 이것이 성공한 선교라면 이를 위해 가장 효율적인 방법이 있다. 그것은 돈 선교이다.

"우리 교회에 오면 매달 30만 원을 준다"라는 방식이다.

탈북민들은 생활이 어렵고 건강도 좋지 않은 경우가 많기 때문에 경제적인 도움이 절실하다. 그래서 교회에서 돈을 준다면 출석하는 경우가 많다.

정말 어려운 탈북민에게 이러한 지원은 꼭 필요하다.

그러나 "이러한 지원을 할테니 한 달에 네 번 출석해야 한다"라는 조건으로 교회에 출석한다면 출석 체크를 할 때마다 심한 모멸감을 느낄 것이다. 어려운 형편에 한 푼이 아쉬운 탈북민들은 변변히 항변도 하지 못하고 그저 돈 때문에 교회를 다녔기에 지원금이 끊어지면 미련 없이 교회를 떠난다.

우리 사회는 어려운 사람을 말없이 도와주는 관용의 자세가 필요한데 아직 그러한 부분이 약한 편이다. 대부분은 작은 도움으로도 큰 생색을 내려고 한다. 때문에 돈을 쓰고도 마음을 얻지 못하는 결과를 낳는다.

마음이 정착이 안 된 탈북민은 지원금이 끊기면 교회를 떠난다. 이러한 탈북민에 대해서 남한 사람들은 편견의 시선을 보낸다. 앞으로는 편견의 시선으로 보기 전에 무엇이 잘못됐는지를 먼저 살펴볼 수 있기를 바란다.

그렇다면 이와 같은 악순환의 고리를 어떻게 끊을 수 있을까?

먼저 성과주의에서 벗어나야 한다. 성과주의에 사로잡히면 눈에 보이는 숫자가 중요하기 때문에 어쩔 수 없이 효과적으로 사람을 모으기 위해 돈을 뿌릴 수밖에 없다. 한 사람의 영혼의 가치보다 출석자의 숫자가 중요해지면 우선은 많은 사람이 모이는 것 같지만 사실 내실은 없다. 따라서 이것을 극복하기 위해서 교회는 숫자가 아니라 가정의 개념으로 나아가야 한다.

탈북민 한 사람 한 사람을 숫자로 볼 것이 아니라 하나님의 가족으로 보고, 나의 가족으로 보는 것이다. 여러 명을 한꺼번에 전도하려고 하지 말고 한 사람이라도 입양한 가족처럼 진정으로 사랑하면서 지혜롭게 전도해야 한다. 아플 때 찾아가고 외로울 때 위로해 주고 필요하면 경제적인 지원도 해주고…. 내 가족이라고 생각하고 순수한 마음으로 베풀어야 한다.

이렇게 사역하면 교회에서는 불만을 표출하는 사람들이 나올 수도 있다.

"빨리 전도해서 숫자를 채워야지 왜 한 사람에게 그렇게 매달리냐"라고 말이다.

그런 사람들에게는 아마도 다음과 같은 이야기가 필요할 것 같다.

"한 사람을 진정으로 사랑해서 그의 마음을 열면 그 한 사람이 친구에게 자신이 받은 진정한 사랑을 말하고, 그 말을 들은 친구도 마음의 문을 쉽게 연다. 그러면 전도는 쉽게 된다. 한 사람의 마음을 얻으면 그 한 사람을 통해 많은 사람들이 마음의 문을 열고 교회가 부흥된다. 이것이 느린 것 같지만 가장 빠른 길이다."

탈북민 선교는 느리면서도 탄탄하게 가야 한다. 시간이 지나고 나면 느리다고 생각했던 길이 가장 빠른 길임을 알게 될 것이다.

실제로 십여 년 전부터 수많은 지원금을 들여 탈북민을 모은 사역자가 있다. 탈북민들에게 많은 지원을 하니 처음에는 많은 이들이 모였다. 그러나 십여 년이 지난 후에도 열매는 나타나지 않았다. 처음에는 돈을 준다니까 여기저기서 모여들었으나 지원금이 끊어지니 다 떠나버렸다.

반대로 탈북민 한 사람을 가족처럼 사랑하고 전도해서 형성된 교회에는 아직도 탈북민들이 모여 있다. 그들은 교회에 돈이 없어도 떠나지 않는다. 오히려 그들이 사비를 털어서 헌금하고 십일조를 한다.

3. 거리를 두고 기다리자

집착과 과잉보호는 부모가 자식을 망치는 첫걸음이다.

탈북민 사역에서도 마찬가지다. 사랑하되 놓아줄 수 있어야 한다. 가끔 탈북민 사역을 정말 열심히 한다고 자부하는 교회들의 속 사정을 살펴보면 안타까울 때가 많다.

교회 사역자들은 자기들이 이렇게 노력하는데 탈북민들은 교회에 안 나올 생각만 한다고 불만을 토로한다. 사역자들이 말하는 노력이란 대부분 숨 쉴 틈도 주지 않고 교회에 출석하라고 수시로 연락하며 일상을 간섭하고 탈북민들도 충분히 할 수 있는 일을 대신해주겠다며 부담스러운 친절을 베푸는 것들이다.

탈북민은 북한에서 이미 조직 생활에 염증을 느낀 사람들이다. 북한에서야 방법이 없으니 조직 생활에 큰 반감이 없었지만 굶어죽을 위기에 온갖 가재도구를 팔면서도 버티지 못해 죽음을 무릅쓰고 국경을 넘은 탈북민들은 통제를 견디지 못한다. 교회가 주는 과도한 친절에는 공짜가 아니라 반드시 대가가 따른다는 것까지도 그들은 이미 알고 있다. 탈북민들은 약간의 이득과 친절 때문에 자유가 뺏기는 것을 결코 원하지 않는다.

탈북민을 향해 사랑을 표현할 때는 일정한 거리를 두고 그들의 의견을 존중하며 기다려야 한다. 절대 조급해서는 안 된다.

"내가 이렇게 베풀었는데 왜 교회에 오지 않느냐?"라고 생각하면 스스로 시험에 들고 탈북민 사역도 어려워진다. 탈북민을 사랑하는 마음으로 베풀되 베풀었던 것을 잊어야 하고, 어떤 것도 주장해서도 안 된다. 신경 쓴 것에 비해 반응이 없다고 실망해서도 안 된다. 최선을 다한 뒤 그저 기다려야 한다. 시간이 흘러 자신에게 사랑을 베푼 사람이 아무런 조건 없이 베푼 것이었음을 믿을 때 탈북민들은 비로소 마음의 문을 열고 스스로 교회를 찾는다.

그러나 대부분의 한국 교회는 이 시간을 기다리지 못한다. 성과가 빨리 나타나기를 원하고 내가 이만큼 했으니 너도 이만큼 해야 하고 반드시 우리 교회에 나와야 한다는 '성과주의'에서 벗어나지 못한다. 성과주의에 너무 깊숙이 빠져 무엇이 잘못인지도 모른 채 힘은 힘대로 쓰고 하나님의 일은 일대로 그르치니 참으로 안타까운 일이다.

그리고 진정으로 탈북민을 위한다면 여기서 한 걸음 더 나아가야 한다.

어느 탈북민이 성장하는데 다른 교회가 더 나을 수 있다고 판단되면 축복하며 그 교회로 보낼 수도 있어야 한다. '내가 사랑을 주고 키운 너니까 반드시 우리 교회에 나와야 한다'는 생각을 갖는 순간부터 사역은 힘들어진다. 자식을 기를 때 집에 머무는 것이 좋을 때도 있지만 성장을 위해서 내보내야 할 때도 있다. 이처럼 내 입장이 아닌 탈북민의 입장에서 사역이 이루어져야 한다.

4. 동등한 친구로 여기라

하나원에서 탈북민 사역을 할 때 외부의 한 교회가 참석했다.

방문한 성도들 중 몇 명은 내가 탈북민이라고 생각했다. 이상하게도 내가 한국인인 걸 아는 성도들은 나를 대하는 것이 달랐다. 말을 할 때도 "목사님, 목사님"하며 존칭을 썼다.

반면 나를 탈북민이라고 생각한 성도들은 내가 목사인 것을 알면서도 시종일관 가르치려 들었다.

"목사님, 찬송은 그렇게 하는 것이 아닙니다."
"예배 순서는 이렇게 해야 합니다."

한국 교회가 탈북민 선교에 실패하는 가장 큰 이유는 우월의식이다.

우월한 위치에서 탈북민에게 베푸는 선행에는 열심이지만 탈북민을 지도자로 세워 한국 사람을 가르치는 일에는 강한 거부감을 나타낸다. 탈북민의 전문성이 반드시 필요한 일에도 마찬가지다. 누가 봐도 탈북민이 적임자임에도 일단은 한국 사람을 대표로 세우고 탈북민에게는 보조 역할 정도를 허용한다.

탈북민 지원을 위해 설립된 많은 재단에서도 비슷한 일이 일어난다.

한국에서 자리 잡은 탈북민만큼 탈북민 문제에 전문가인 사람은 없다. 하지만 이들 단체의 요직에 탈북민 출신은 단한 명도 없다.

사회에선 이보다 더한 차별이 있어도 참고 넘길 수 있지만 적어도 교회에서만큼은 이런 차별을 막아야 한다.

탈북민 중에서 성경을 수백 번 읽고, 깊이 있는 신앙 경험이 있는 사람도 많다. 이런 사람이야말로 말씀 공부, 소그룹 리더로 적임자이지만 세워지는 경우는 그다지 많지 않다. 탈북민이 모여 공부하는 소그룹에서도 탈북민 선교가 뭔지도 모르는 남한 성도를 리더로 세워 지도하게 한다.

탈북민은 한국 문화에 익숙하지 않을 뿐이지 북한에서는 전문적인 지식인으로 활동한 엘리트들도 많다. 국경에서 선교사님을 만나 훈련받은 탈북민들은 한국의 신학생들보다도 심오한 훈련을 오래 받곤 한다.

국제관계에서는 북한에 비해 남한이 우월하지만 그들의 영혼을 위한다는 교회에서만큼은 이와 같은 차별을 인지하고 극복하려 노력해야 한다.

우리는 동등한 입장으로 탈북민들을 대하면 된다. 내가 도울 수도 있지만 나 역시 도움을 받을 수도 있다는 자세로, 가르치고 계도하기보다는 좋은 친구가 되고자 하는 마음으로 다가가야 한다.

탈북민은 남한의 문화를 남한 사람을 통해서 배우지만 남한 사람은 북한 문화와 북한 사람들이 처해있는 특유의 문제들을 어디서 배울 수 있을까?

북한 선교에 정말로 관심이 있고, 탈북민의 영혼에 주님의 사랑을 전해주고 싶다면 그들이 처한 상황과 지내온 이야기에 관심을 갖고 친구가 되고자 노력해야 한다. 사회와 이념, 살아온 환경, 교회가 그동안 빠져 있던 습관과 여러 의식들을 모두 타파하고 이 땅에 하나님이 보내주신 탈북민들과 진정한 친구가 될 수 있을 때, 하나님이 예비하신 그날 암흑의 땅에 복음의 불빛으로 북한을 환하게 비출 선교의 문도 열릴 것이다.

"여호와께서 권능으로 내게 임재하시고
그의 영으로 나를 데리고 가서 골짜기 가운데 두셨는데 거기 뼈가
가득하더라

나를 그 뼈 사방으로 지나가게 하시기로 본즉
그 골짜기 지면에 뼈가 심히 많고 아주 말랐더라

그가 내게 이르시되 인자야 이 뼈들이 능히 살수 있겠느냐 하시기로
내가 대답하되 주 여호와여 주께서 아시나이다

또 내게 이르시되 너는 이 모든 뼈에게 대언하여 이르기를
너희 마른 뼈들아 여호와의 말씀을 들을지어다

주 여호와께서 이 뼈들에게 이같이 말씀하시기를
내가 생기를 너희에게 들어가게 하리니 너희가 살아나리라"

(에스겔 37장 1-5절)

제4부

북미 한인 이민 교회와 연관된 북한 복음화의 배경과 현실

지난 30년(1989-2020) 북한 복음 사역을 생각하며
북한 땅에 복음의 문이 속히 열리는 계절에 대비하면서

김요셉 교수

복음 통일을 기도하자

I. 가라. 가서 복음을 전하라

"그러므로 너희는 가서 모든 민족을 제자로 삼아 아버지와 아들
과 성령의 이름으로 침례(세례)를 베풀고"(마태복음 28:19)
"오직 성령이 너희에게 임하시면 너희가 권능을 받고 예루살렘과
온 유대와 사마리아와 땅 끝까지 이르러 내 증인이 되리라 하시
니라"(사도행전 1:8)

나의 신앙의 여정은 미국에서 한국 유학생 신분으로 있
을 때 시작되었다.
나는 미국에서 유학 중이던 스물다섯 살 때 예수님을 구
세주와 주님으로 믿고 주님을 만나 구원받고 한인 교회 개

척이라는 소명을 받았다. 주님께서 주신 영적 은사와 부르심에 순종하면서 시작되었다. 나의 사명은 주로 한국에서 북미주로 이민 온 가족들을 위한 전도와 교회 개척 사역이었다. 교회 개척이 나의 비전이었고 사명이었다. 미국에서 영적으로 거듭남을 경험했고 사명을 받았기에 그렇게 생각하는 것이 어쩌면 당연했다.

주님께 받은 소명을 따라 살던 중 갑자기 북한 선교 사역이라는 두 번째 소명을 받았다. 처음에는 이 두 가지 소명이 아무런 연관이 없다고 생각했다.

그러던 어느 날 하나님이 나에게 왜 이런 마음을 주셨는지 궁금했다. 하지만 그저 순종하는 마음으로 세월이 흘렀다. 그러다 문득 첫 번째 소명에서 경험했던 이민자 전도와 두 번째 소명에서 경험하고 있는 탈북민 전도가 깊은 연관이 있다는 것을 깨달았다.

지금부터 약 50년 전인 1970년, 미국 북가주 산호세에서 한인 이민자들이 그들만을 위한 교회를 개척했다. 그것을 계기로 20년 만에 전 미국에 700여 개의 침례교회가 개척됐다.

1957년 교포 1세대라고 할 수 있는 김동명 목사님, 안이숙 사모님께서 L.A.에 한인 침례교회를 개척한 지 13년 후 이민법이 바뀌어 한인들이 급격히 늘었다. 이들은 한국에서, 남미에서, 월남에서 서독에서 옮겨 왔다.

1990년에는 재미 한인 인구가 100만 명에 이르렀고 북미주에는 한인들을 위한 이민 교회가 우후죽순 개척되었다. 청교도들이 성경과 믿음을 가지고 황무지와 같았던 미국으로 왔던 것처럼 이민이란 제도를 통해 동양에서 미국으로 제2의 부흥의 파도가 몰아친 것이다.

기독교의 진리는 이민 온 한인들을 통해 놀라울 정도로 발전했다.

성경의 진리는 한국인 특유의 민족성과 절묘하게 조화를 이루었다. 한인 교회는 복음을 지키고 문화적으로는 개혁을 이루며 폭발적으로 퍼져나갔다. 그리고 복음과 기독교 문화가 우리 민족의 순수성과 잘 어우러져 말씀을 쉽게 받아들일 수 있었고 그 말씀의 능력으로 많은 이민자들의 인격이 좋게 변화됐다.

한국인은 복음을 받아들이고 말씀에 적응하는 속도가 다른 민족과 비교할 때 월등했다. 우리 민족을 대표하는 정서 중 하나인 '한'이 복음과 맞물려 특유의 종교성으로 발현되었기 때문일 것이다.

우리나라는 기독교가 들어온 후 복음으로 변화된 청년들이 인재로 성장하며 개화되기 시작했다.

역사적으로 세계는 복음과 함께 개화가 이루어졌다.

이 역사는 서구 문명에서 시작해 영어권인 미국, 영국, 캐나다, 호주 등으로 퍼져나갔다.

한국 기독교도 이제는 전환기를 넘어 폭발적인 부흥을 거쳐 성숙기에 접어들었다. 하나님이 주신 축복으로 대한민국은 세계가 놀랄만한 민족 복음화를 이루었다. 대한민국은 현재 영적 위세를 열방으로 전파하는 복음 강국의 위치에 있다. 한경직 목사님, 김준곤 목사님 등 많은 영적 지도자들의 눈물과 외침이 이런 성장에 귀한 밑거름이 되었음은 두말할 필요도 없다.

북한에도 복음의 바람이 불어야 한다.

복음을 기다리고 있는 2천 5백여 만 명의 북한 사람들의 귀에 주님의 음성이 들어가야 한다. 그래야만 잘못된 사상과 핍박으로 점철되어 있는 영혼들이 주님의 보혈로 거듭날 수 있다.

말씀으로 변화된 북한 주민들은 남한의 성도들과 그리스도 안에서 형제자매가 되어 시대적 사명을 함께 감당할 파트너가 될 것이다. 남한의 사역자와 깨어난 북한의 사역자가 파트너가 되어 함께할 때 미래 세계에 복음을 전하는 하나님의 사명을 온전히 감당할 수 있다고 생각한다.

복음과 함께 개화된 한국의 젊은이들에겐 그동안 많은 변화가 일어났다.

용기와 자신감이 충만한 긍정적 삶이 자리를 잡았고, 진리의 말씀을 통해 인간의 참된 권리와 존엄성이 무엇인지를 배웠다. 한국 교회는 기독교의 진리를 사회에 전함으로 한국의 건국과 번영, 민주주의 확립을 도왔다. 하지만 지금은 안타깝게도 한국의 신앙인들이 문화적으로 세속화되고 있는 듯하다.

이런 난관을 헤쳐나가기 위해서라도 하나님은 북한의 신앙인들을 복음을 전할 일꾼으로 세우고 사용하실 거라고 생각한다. 북한은 여건만 갖추어진다면 말씀을 중심으로 폭발적인 전도가 가능한 미래의 영적 탄약고이다. 초대교회의 부흥을 예수님의 제자들이 이끌었고, 한국의 부흥을 위해 희생한 많은 믿음의 지도자들이 있었듯이 미래에는 북한에서 하나님의 말씀을 전할 영적 지도자들이 탄생할 것이라고 믿는다.

나는 조부모님을 통해 역사를 배우며 애국심을 키웠다.

나는 전쟁과 살육이 난무하던 시대에 태어났다. 일제강점기, 대한독립 그리고 6.25 전쟁…. 이 모든 것을 경험하며 고난의 기억을 지울 수 없는 청년기를 보냈다. 지금의 세대는 상상조차 하지 못할 격동의 시대를 경험한 인생이다.

나는 북한과는 아무런 인연이 없는 서울에서 태어난 대

한민국 사람으로 대학원생이던 20대 중반에 미국으로 유학을 갔다.

미국에서의 삶은 처음 경험하는 서구적 문화의 낯섦과 영어권 생활에서 비롯된 갈등과 불안의 연속이었다. 한동안 여러 문제로 힘들었던 나는 생존에 대한 불안한 마음을 안고서 기적적으로 예수님을 만났다. 주님은 내가 처한 모든 문제를 해결해 주셨다. 그뿐만 아니라 말씀을 통해 나를 거듭나게 하셨다. 나는 주님을 만난 후 새사람이 되었고 내 삶은 한 번도 생각하지 못한 새로운 방향으로 새롭게 펼쳐졌다.

나는 평안북도에서 남한을 거쳐 미국으로 이주한 크리스천 목사님과 장로님에게 영적 양육을 받았다. 함께 교회에서 예배를 드리고 교제함으로 나의 신앙의 뿌리는 자연스럽게 북한에서 온 신앙인들의 영향을 받았다. 내가 맡은 북한 선교라는 사명의 뿌리는 신앙을 키워주신 선배님들, 이민교회 목사님들 그리고 내가 신학교에서 가르친 사역자들이 지속적으로 원조를 해줬다.

처가도 평양이 배경이다.

내 아내의 선조는 평양의 초대 교인들로 미국에 무려 115년 전에 이민을 오신 분들이다. 아내의 조부모는 미국 선교사의 전도로 크리스천이 된 후 노동자들과 함께 미국으로 이민을 왔다. 이 부부의 증손녀인 아내를 만나 57년 동안 인생을 함께했다. 우리 부부는 영어권에서 사역을 시작한 뒤에는 일상생활에서 주로 영어를 사용할 정도로 영어에 익숙해졌다.

그 덕분에 나는 영어로 미국에서 학위를 받았고 강의와 논문도 영어로 하는 것이 더 편하게 되었다. 이처럼 한국말보다 영어가 편할 정도로 오랜 시간 영어권에 머물렀지만 한시도 조국을 잊은 적이 없다. 한국인이라는 정체성과 잊지 않고 지켜온 조국의 역사는 내 인생의 긍지다. 끊을 수 없는 연관성이 나라와 동포를 사랑하는 마음과 복음 사이에 있다고 믿기 때문이다.

2. 북한 사역의 배경

1989년 뉴욕에 북한 외교부가 설치됐다.

어느 날 평양에서 파송된 대사로부터 연락이 왔다.

"미국에 머무는 한인 교포들의 우호증진 차원에서 함께 저녁 식사를 하자"라는 것이었다. 식사 중에 "재미 한인대표들을 인솔해 평양을 방문해달라"라는 공식적인 초청을 받았다. "평양 봉수동에 신축한 교회 헌당식과 부활절 예배에도 참석해 달라"라는 요청도 받았다.

나는 15명의 대표단을 이끌고 평양에 신축한 교회를 방문해 성경과 찬송가, 간단한 음향시설을 전달했다. 미국 교민단 인솔 대표로 인사 말씀과 부활절 예배 기도 순서를 부탁받은 나는 "예수님이 무덤에서 부활하신 것처럼 한파로 얼어붙은 북한 땅 방방곡곡에도 복음의 부활의 꽃이 만발하게 피어나고, 충만한 성령의 봄바람이 되살아나리라"라는 내용의 기도를 했다. 애타는 마음으로 분단 후 북한 평양에서 첫 번째 거행되는 부활절 예배에 해외 교포를 대신하여 공식 대표 기도로 간절히 기도를 하니 성령님의 임재하심이 느껴졌고 기도가 끝나고도 마음에 은혜와 감동이 흘러넘쳤다.

기도를 마치고 자리로 돌아오니 옆자리에 앉았던 목사님이 농담을 던졌다.

"공산국가에 들어와 그렇게 위험한 기도를 하시면 어떡합니까? 예배 끝나고 목사님 잡혀가시는 거 아닙니까?"

농담이었지만 그 말을 듣고 방금 전까지 성령님의 임재를 경험했던 나는 불안감에 휩싸였다.

'주님…, 설마 아니겠지요?'

이번엔 다른 목사님이 메모지를 건네며 농을 했다.

"목사님 평양 감옥에 들어가시면 바울처럼 옥중 서신을 남기셔야 하지 않겠습니까? 메모지라도 넉넉히 챙겨드리겠습니다."

두 분의 농담에 나의 부족한 믿음의 민낯이 드러났다.

나는 식은땀을 흘리며 조용히 기도했다.

'주님, 농담인 것은 알지만 그런 일이 일어나서는 안 됩니다. 미국에 남겨진 어린 남매와 제 아내는 어떡합니까?'

이런 나의 기도에 주님은 오히려 "가라"라는 음성을 들려주셨다.

"가라, 가서 나의 복음을 전하라. 평양 구치소라도 두려워하지 말고 가라!"

그래도 주님을 믿지 못했던 나는 다시 물었다.

"그럼 미국에 두고 온 가족들은요?"

"염려 말고 나를 믿으라. 모든 것을 보살필 나를 믿고 너는 가라!"

부족한 나의 믿음을 일깨워주시는 주님의 음성에 왈칵 눈물이 흘렀다.

"순종하겠습니다! 주님 뜻대로 가겠습니다! 구치소가 아닌 땅끝이라도 가서 말씀을 전하겠습니다!"

주님의 음성에 순종하겠다고 다짐하자마자 내 마음엔 다시 감사와 감격이 충만해졌다. 이미 북한 선교라는 두 번째 소명을 받았지만 이날 주님이 주신 마태복음 28장 19절의 말씀을 통해 주님께 받은 소명을 다시 한번 확신했다.

"그러므로 너희는 가서 모든 민족을 제자로 삼아 아버지와 아들과 성령의 이름으로 세례(침례)를 베풀고"

30여 년 전 이때 받은 은혜가 지난 30여 년 동안 쉬지 않고 북한 사역을 감당할 수 있는 동기이자 에너지가 되었다.

나의 북한 선교는 전적인 사명감에서 시작됐다.

북한 선교가 아니더라도 당시 이미 하고 있는 사역이 많았다.

미국 내에서 하는 사역들은 그래도 후원도 받고 어느 정도 시스템이 구축되어 있었지만 미국 외에서 하는 선교는 전부 자비량으로 아무런 지원도 없는 상황이었다. '맨땅에 헤딩'하며 오직 주님 말씀만 따라 북한 선교를 힘껏 해왔지만 30여 년이 지났음에도 북한은 아직도 복음의 문이 닫혀 있는 안타까운 상황이다.

나의 힘으로는 할 수 있는 것이 많지 않았지만 30여 년 전 그날 봉수교회에서 주님이 주신 말씀을 따라 쉬지 않고 나의 할 일을 감당해왔다. 미국과 북한, 탈북민들이 머무는 동북 아세아까지 없는 시간을 쪼개가며 주님의 명령을 오직 기쁨으로 섬겼다. 그 길은 험난한 가시밭길이고 아무나 갈 수 없는 좁은 문이었지만 또한 기쁨과 환희가 충만한 여정이었다. 돌아보면 어느 것 하나 쉬운 일이 없었지만 하나님의 은혜로 지나간 30여 년의 세월을 오로지 주님을 위한 일에 사용할 수 있어서 그저 감사한 마음뿐이다.

어느덧 인생의 황혼기에 접어든 나는 이미 15년 전 미국에서 은퇴 후 한적한 시골에서 살고 있다. 하지만 주님이 북한 사역을 쉬라고 말씀하신 적이 없기 때문에 여전히 중국과 북한을 오가며 북한의 복음화를 위한 소임을 다하고 있다. 평양에서 주님이 주셨던 북한의 복음화를 위한 소명을 북한에 복음의 문이 열릴 때까지, 나의 마지막 호흡이 다하는 순간까지 절대로 포기하지 않을 것이다.

3. 북한(중국 동북 3성 포함) 사역에 관한 고찰

'복음을 향한 문이 굳게 닫힌 북한에 어떻게 하면 복음의 씨를 뿌릴 수 있을까?'라는 것이 그동안의 사역에서 가장 중요한 문제였다.

내가 발견한 첫 번째 해답은 조선족이었다.

중국은 문화 혁명 후 지하에 숨어있던 교인들이 정부 감시를 피해 가정에서 모이기 시작했는데 연변은 조선족이 중심이었다. 두만강 중국 국경, 연길과 훈춘이 조선족들의 경제적, 문화적 중심지다.

조선족은 일제시대와 중국 공산혁명을 겪으면서도 소수 민족으로 대륙에서 살아남은 한국계 중국인들이다. 한국 말을 쓰고 한국 문화를 어느 정도 공유하지만 중국에 소속 감을 가지고 있으며 스스로를 중국인이라고 생각한다. 이런 어려운 상황 가운데 복음을 믿고 주님을 영접한 조선족들은 공산당의 압력과 핍박에도 신앙을 지켜온 택함 받은 하나님의 백성이다.

나는 그동안의 사역을 통해 '이들이 처한 문화적, 환경적 특수성이 복음의 문이 봉쇄된 북한에 복음을 전할 수 있는 단초가 될 것이라고, 즉 북한 선교를 위해 하나님이 예비하신 사람들'이라고 믿게 됐다.

이 믿음은 나 혼자만의 생각이 아니다.

일제시대에 한국으로 선교를 왔던 캐나다 출신 선교사 말콤 팬윅은 원산에서 교회를 개척한 뒤 여기서 양성한 젊은 사역자들을 만주와 연해주로 보냈다. 이와 같이 알게 모르게 그동안 조금씩 복음의 씨앗이 조선족들에게 뿌려지고 있었고 나는 그런 결실이 맺히는 모습을 미국에서도 종종 보았다.

연변 출신인 달라스 한인제일침례교회의 한 전도사님이 조선족들을 위한 교회 건축에 지속적으로 헌금을 보낸다는 이야기, 미국으로 이민 온 조선족들이 중국에 가족을 두고 온 다른 탈북민들을 위해 발 벗고 나서며 애를 쓴 이야기 등이다. 내가 아는 목사님 한 분도 오랜 세월 이산가족으로 지내다가 이분들의 도움으로 중국에서 어머니를 모셔올 수 있었다.

나는 이런 사례들을 지속적으로 접하며 북한과 직접 연

결할 수 있는 조선족 지하 교인을 만나려고 노력했고 하나님은 김동준 집사를 알게 해주셨다. 이분을 만나기 위해 출국 준비를 했다. 텍사스에서 중국으로, 중국에서 홍콩으로, 홍콩에서 다시 북경행 비행기를 탔고, 연변까지 30시간이나 기차를 타고 이동해야 했지만 들인 수고와 비용, 시간이 전혀 아깝지 않았다.

김동준 집사와의 만남을 통해 1989년 중국 침례신학교가 설립됐기 때문이다.

1989년 겨울 30명이 모였고 18과목, 75학점의 교과 과정으로 2년제 신학 교육을 받을 수 있는 학교가 설립됐다. 미국 얼바인 한인침례교회 임철빈 담임목사가 초대 학장으로 수고해 주셨고 터스틴침례교회의 이기설 담임목사가 학감으로 자원해 신학교를 시작할 수 있었다. 이분들의 크나큰 희생과 헌신이 없었다면 감히 시작할 수 없는 일이었다.

이분들뿐 아니라 강사진을 맡았던 미국의 한인교회 목회자들은 모두 자비를 들여가며 조선족 신학생들을 가르치기 위해 미국과 중국을 수없이 왕래했고 재미 한인들은 학교 건물을 세우기 위해 헌금을 보내줬다.

많은 이들의 귀중한 헌신이 모인 결과 현재까지 500명이 넘는 조선족 신학생들을 배출했다. 훗날 북한 선교에 누구보다 귀하게 쓰일 이들은 현재 북한이 복음의 문을 개방하기를 기다리며 중국의 3성(흑룡강성, 길림성, 요령성) 내에서 사역을 감당하고 있다.

하나님은 이들을 사용해 중국에서의 지경도 넓히고 계신다. 중국어에 능통한 조선족 졸업생들은 다시 한족을 가르칠 수 있는 신학교를 개설했다. 공안의 살벌한 감시를 피해야 하기에 마음 놓고 가르칠 수는 없지만 그럼에도 벌써 천 명이 넘는 사역자들을 배출했다

북한보다는 낫지만 여전히 복음을 전하기 어려운 중국에서 하나님은 조선족을 통해, 또 한족을 통해 북한 땅을 복음화할 신실한 군사들을 예비하고 계신다. 이와 같은 결과는 나의 동역자 이기설 목사님의 놀라운 헌신 없이는 불가능한 일이다. 이 기회를 통해 다시 한번 감사의 마음을 전한다.

나는 지난 30여 년간 중국과 북한을 왕래한 횟수가 80여 차례가 넘는다.

오로지 주님이 주신 북한의 복음화 사명을 위해 헌신하고자 했던 내가 남긴 작은 흔적이라고 생각한다.

지금도 북한은 복음이 들어올 수 없게 문을 막았다.

기독교를 완전히 적대시할 뿐 아니라 정권 유지를 위해 외부에서 들어오는 어떠한 종교도 철저히 차단하고 있다.

나는 정상적인 방법으로 북한에 복음을 전할 수 없다면

다른 방법을 찾아야 한다고 생각했다. '복음을 전달할 수 없다면 복음의 마음을 담아 구호물자를 보내자'는 것이 내가 찾은 방법이다. 그러자 하나님은 음식, 의류, 의약품, 비료, 농기구, 디젤 등과 같이 북한에서 필요로 하는 물자들을 중국에서 기차로, 화물트럭으로 보낼 수 있는 길을 열어 주셨다.

미 남침례 교단과, Texas YWAM Leland Paris 총재님의 지원, 재미 한인 이민교회의 지원에 감사하며 특별히 고 이동호 집사의 구호 물자 선박 수송에 감사를 전한다.

아무런 지원도 받지 않았음은 물론이고, 소속된 재단도 없이, 어떤 백그라운드도 없이, 그저 사명을 따라 묵묵히 하루하루를 살아가는 무명인으로 중국에서 물자들을 구입해 섬겼다.

비영리 차원에서 개인이 구호물자를 보내는 일은 생각보다 쉽지 않은 길이다. 나의 상식과 말이 통하지 않는 북한 간부들을 상대하며 어떻게든 구호물자를 보내려면 하나님이 주시는 초인간적인 인내와 관용 없이는 불가능하다. 상상할 수도 없는 곳에서 일어나는 멸시와 학대를 받을 때도 있었고 때로는 피눈물이 날만큼 억울한 상황도 있었다. 하지만 밑 빠진 독에 물을 부어도 나의 노력과 희생이 영적인 사랑의 표현으로 조금이나마 전달될 것이라는 확신으로 이 일을 계속했다.

어렵게 마련한 구호품이 현지 주민들에게 직접 전달되기를 희망했지만 중앙당에서는 "배급체제를 통해 수령님의 이름으로 하달해야 한다"라고 통보했다. 수용하기 힘든 제안이었지만 받아들이기로 했다. 그리스도의 조건 없는 아름다운 사랑과 은혜를 전달하는 마음으로 내가 가진 모든 것을 그들에게 주고 싶었기 때문이다. 우리가 보내는 지원물자가 북한 주민들에게 도움이 된다면 조건 없이 보내줘야 한다고 생각했다. 이런저런 이유를 떠나 당장 피죽도 못 먹어 죽을 위기에 처해 있는 북한 주민들의 참상이 너무나 처량했고 불쌍했다. 그리고 영적으로 사랑을 표현하고 부어주는 것이 하나님의 명령이자 북한 땅에 복음을 전할 전도의 전략임을 깨닫게 되었다.

이런 노력 덕분인지 나는 비공식적으로 지원물자를 공급한다는 조건으로 당의 허락을 받고 공식적으로 북한 입국이 가능하게 됐다. 조금씩 나에 대한 북한 측의 대우가 좋아졌고 마침내 북한에 머물 수 있는 거주증까지 발급받았다.

이 모든 것들은 철통같이 닫힌 북한의 국경을 왕래하는 데 정말 큰 도움이 됐다. 모두 내가 미국 시민권자였기 때문에 가능한 일이었다.

사도 바울이 위기의 순간마다 로마 시민의 특권과 보호를 받으며 전도를 계속할 수 있었던 것처럼 나도 미국 여권의 도움으로 북한 선교를 더 수월히 진행할 수 있었다. '밑

빠진 독에 물을 붓는다'라고 생각했던 그간의 노력과 헌신이 결실을 맺는 순간이었다.

북한 주민들에게 필요한 물자를 공급해 주는 대가로 나는 북한을 안전하게 드나들 수 있는 통행권을 얻었다. 그리고 이 상황 덕분에 중국 지린성에서의 신학 교육과 복음사역, 북한에서 구호품 지원 사역이 밑받침이 되는 북한의 복음화라는 큰 틀을 구상할 수 있었다.

4. 북한을 향한 복음 사역의 준비와 운동

남한과 북한의 간극은 하늘과 땅만큼 벌어져서 북한을 위한 사역 공동체를 형성하기 위해서는 많은 시간과 재원이 필요할 것이다. 남한은 북한을 모르고 북한 역시 남한을 모른다. 북한과 남한을 두루 경험한 탈북자 역시 오랜 치유의 기간을 가진 뒤에야 상반된 경험을 융합시킬 수 있다.

70여 년이라는 오랜 분단의 세월을 통해 남과 북은 이념적, 사상적, 문화적으로 극심하게 차이가 벌어졌다. 북한에 자유의 바람이 불어 개혁이 일어나고 해방으로 이어진다 해도 양측이 서로 양보하고 화합하며 단합하지 않으면 우리가 바라는 긍정적인 변화는 이루어지지 않을 수도 있다.

언어뿐 아니라 가치관, 사회구조, 인간관계, 생존 등에 대한 인식 차이까지, 남한과 북한은 서로의 구심점에 이르기 위해 시간과 여유를 가져야 할 것이다. 서구의 공산권은 모두 망했거나 독일처럼 통일된 지 30년이 지난 지금까지도 완벽한 자유민주 사회로 평가될 만큼 변하진 못했다고 한다. 그런데 70여 년이 넘는 세월 동안 철통같은 통제와 감시 속에서 살아온 북한 주민들이 그동안의 관습을 타파하고 자유민주주의 사회를 받아들이려면 얼마나 오랜 시간이 필요할까?

북한 주민들을 위해서도 복음의 힘이 필요하다. 복음의 힘으로 치유받고 변화될 때만이 진정한 자유를 누리고 거듭난 사람으로 태어날 수 있기 때문이다.

우리는 말씀을 행하는 사람이 되어야 한다.

"너희는 말씀을 행하는 자가 되고 듣기만 하여 자신을 속이는 자가 되지 말라 누구든지 말씀을 듣고 행하지 아니하면 그는 거울로 자기의 생긴 얼굴을 보는 사람과 같아서 제 자신을 보고 가서 그 모습이 어떠했는지를 곧 잊어버리거니와 자유롭게 하는 온전한 율법을 들여다보고 있는 자는 듣고 잊어버리는 자가 아니요 실천하는 자니 이 사람은 그 행하는 일에 복을 받으리라"(야고보서 1:22-5)

"내가 주릴 때에 너희가 먹을 것을 주었고 목마를 때에 마시게 하였고 나그네 되었을 때에 영접하였고 헐벗었을 때에 옷을 입혔고 병들었을 때에 돌보았고 옥에 갇혔을 때에 와서 보았느니라"(마태복음 25:35-36)

주님께서는 적은 것이지만 크게 사용하신다.

"예수께서 눈을 들어 큰 무리가 자기에게로 오는 것을 보시고 빌립에게 이르시되 우리가 어디서 떡을 사서 이 사람들을 먹이겠느냐 하시니 이렇게 말씀하심은 친히 어떻게 하실지를 아시고 빌립을 시험하고자 하심이라 빌립이 대답하되 각 사람으로 조금씩 받게 할지라도 이백 데나리온의 떡이 부족하리이다 제자 중 하나 곧 시몬 베드로의 형제 안드레가 예수께 여짜오되 여기 한 아이가 있어 보리떡 다섯 개와 물고기 두 마리를 가지고 있나이다 그러나 그것이 이 많은 사람에게 얼마나 되겠사옵나이까 예수께서 이르시되 이 사람들로 앉게 하라 하시니 그 곳에 잔디가 많은지라 사람들이 앉으니 수가 오천 명쯤 되더라 예수께서 떡을 가져 축사하신 후에 앉아 있는 자들에게 나눠 주시고 물고기도 그렇게 그들의 원대로 주시니라 그들이 배부른 후에 예수께서 제자들에게 이르시되 남은 조각을 거두고 버리는 것이 없게 하라 하시므로 이에 거두니 보리떡 다섯 개로 먹고 남은 조각이 열두 바구니에 찼더라"(요한복음 6;5-13)

나는 언젠가 다가올 그날을 위해 할 수 있는 일을 하며 계속해서 복음을 전하고 있다.

지금 우리가 북한에 복음을 전할 수 있는 방법은 '무조건 퍼주는 사랑의 지원' 뿐이다. 동포를 살리기 위해 아낌없이 퍼준다는 생각으로 국제적인 지원이 봉쇄된 지금도 '빵,

두유, 우유 등의 음식부터 농기구와 농업에 필요한 자원들, 고아원과 학교 증축'과 같은 지원들을 꾸준히 이어가고 있다.

북한에는 미개발된 인적 자원과 천연자원이 넘쳐흐른다.

북한이 개방되고 미개발된 자원들을 조금이라도 활용할 수 있는 시대가 오면 그야말로 폭발적인 성장을 이끄는 원동력이 될 것이다. 이미 모든 것이 풍족한 남한과 기본 의식주가 보장되지 않는 북한의 간격을 메우려면 이런 강점을 활용해 북한에도 자본주의식 '자급자족 경제'가 하루빨리 자리 잡을 수 있도록 돕는 일에 우리는 초점을 맞추어야 한다.

북한에 복음의 문이 열려 남한과 미주의 한인 크리스천들이 '디아스포라'의 때를 맞을 때까지 나는 기도하며 그에 필요한 준비를 계속 해나갈 것이다.

철천지 원수라 일컫는 미 제국주의 원흉 트럼프 대통령과 위대하신 최고 존엄 수령이라 일컫는 김정은 원수가 미국 성조기와 조선 인공기 밑에서 서로 악수하고 포옹하는 싱가폴 정상회담 사진이 북한 노동신문 최단 기사에 게재되었다. 인민들이 이것을 보고 반미가 친미로 문화가 바뀌고 있다고 한다. 전에 볼 수 없는 자유 변화의 바람이 내부에 불기 시작한 것이다.

지난 30여 년간 북한 구호 지원 프로젝트를 하면서 보고 배우고 느낀 것은 북한이 속히 개방되고 자유화가 되는 것이다.

아래와 같이 복음과 한반도 미래라는 주제로 구체적인 해결책을 강구해야 한다.

1. 지침서, 혹은 북한 사역에 필요한 매뉴얼의 필요. 북한 문화와 정체성을 복음화 문화로 회복.

2. 해외로 나온 크리스천 북한 탈북자, 크리스천 선교 사역 선발 인원에 특수한 북한 토착식 영적 수련, 재충전, 미국으로 단기 비전 여행.

사실 북한 사역은 탈북 교인들의 몫이다. 그들의 고향 사랑 그리고 민족 사랑, 보듬는 사역에 순종하는 것에 달렸다. 남한에서 북한 고향까지 모두가 일일권이다. 마치 서울에서 남쪽 고향 가는 거리로 복음 들고 상처받은 고향 식구들에게 주님 사랑 전도에 초인간적 효력을 볼 수 있는 인재는 남한에서 훈련된 예비된 북한 사역자들이다.

3. 남한 개신교 복음주의 평신도, 단기 개인 자원 전도자, 남녀노소 모두 복음을 들고 동원되어 북한 각지에서 개인 전도하는 전도의 계절을 준비하고 연수, 훈련하는 센터가 필요하고, 북한 거주 교회 개척자 발굴과 훈련이 필요하다.

민족 선교와 관련된 어휘 해설

(표현의 어휘 혹은 용어 설명)

01. 꽃제비: 러시아 말 표현으로 거리에서 노숙하며 방황하는 젊은 남녀

02. 탈북민: 북한에서 탈출한 북한 주민

03. 실향민: 고향을 등지고 떠나온 북한 주민

04. 조선족: 남북에서 중국으로 이주한 사람들

05. 고려인(카리야스키): 러시아에 거주하는 조선혈통민족

06. 미국 교포: 미국에서 영주하는 이민 한국인

07. 해외 동포: 바다 건너 외국에 영주하는 한국인

08. 이산가족: 남북 분단으로 헤어진 식구, 가족

09. 백두혈통: 김일성 가족을 신격화한 우상 세습혈통

10. 태양 종교: 김일성 우상 종교

11. 당(노동당): 북조선 유일 중앙당

12. 보위부: 조선 노동중앙당 비밀 감시단

13. 해외동포 위원(해동): 조선노동당 산하 해외동포협조·원조위원

14. 공안(중국): 중국 공산당 경찰

15. 학습: 김일성 사상교육

16. 교화소: 감옥. 정치범 구치소. 탈북민 수용소

17. 주사파: 남조선에 거주하는 김일성 주체사상 신봉자

18. 교포: 외국에 영주하는 남쪽 거주인

19. 기독교: 예수 그리스도를 구원자로 믿는 종교

20. 목사: 성경과 예수의 진리를 선포하는 사명자. 교회 교
    인의 영적 인도자

21. 선교사: 성경과 예수를 교회 내외에서 선포하는 사명자

22. 장로: 교회 평신도 지도자

23. 집사: 교회 평신도 지도자 봉사자

24. 권사: 교회 여신도 지도자

25. 장마당: 북한 주민이 운영하는 비공식 시장

26. 홀맘(싱글맘): 홀로 아기를 기르는 어머니

27. 국제결혼: 한국인이 비한국인(외국인)과 결혼한 국제결혼

38. 2세, 3세: 해외에서 한국인 사이에 출생한 아이들

39. 혼혈아: 외국인과 결혼한 부부가 출생한 후손

40. 미군: 남한에 주둔한 미국 군인

41. 유엔군: 6.25 한국 전쟁에 참전한 16개국 군인

42. 인민군: 조선민주주의 인민공화국 군인

43. 국군: 남한 군인, 대한민국 군인

45. 하우스보이: 미국 군인이 채용한 잡일꾼

46. 하나원: 탈북민 남한 정착 훈련원

망망한 바다 한가운데서 배 한 척이 침몰하게 되었습니다.
모두들 구명보트에 옮겨 탔지만 한 사람이 보이지 않았습니다.
절박한 표정으로 안절부절 못하던 성난 무리 앞에 급히 달려 나온 그 선원이
꼭 쥐고 있던 손바닥을 펴 보이며 말했습니다.
"모두들 나침반을 잊고 나왔기에…"
분명, 나침반이 없었다면 그들은 끝없이 바다 위를 표류할 수 밖에 없을 것입니다.

우리는 삶의 바다를 항해하는 모든 이들을 위하여
그 나침반의 역할을 하고 싶습니다.
우리를 구원하신 위대한 주 예수 그리스도를 널리 전하고 싶습니다.

"하나님은 모든 사람이 구원을 받으며
진리를 아는 데에 이르기를 원하시느니라"
(디모데전서 2장 4절)

북한 선교의 맥(脈)

지은이 ǀ 김권능 목사, 김정일 목사/공저
발행인 ǀ 김용호
발행처 ǀ 나침반출판사

제1판 발행 ǀ 2020년 11월 1일

등　　록 ǀ 1980년 3월 18일 / 제 2-32호
본　　사 ǀ 07547 서울특별시 강서구 양천로 583
　　　　　블루나인 비즈니스센터 B동 1607호
전　　화 ǀ 본사 (02) 2279-6321 / 영업부 (031) 932-3205
팩　　스 ǀ 본사 (02) 2275-6003 / 영업부 (031) 932-3207
홈　　피 ǀ www.nabook.net
이　　멜 ǀ nabook365@hanmail.net
일러스트 제공 ǀ 게티이미지뱅크

ISBN　978-89-318-1601-3
책번호　나-1033

값은 뒷표지에 있습니다.